Das Persönliche

im

modernen Unternehmertum

Von

Kurt Wiedenfeld

Leipzig

Verlag von Duncker & Humblot

1911

Altenburg
Pierersche Hofbuchdruckerei
Stephan Geibel & Co.

Inhaltsverzeichnis.

Vorbemerkung.

Der Neudruck der im Vorjahr schon in Schmollers Jahr=
buch veröffentlichten Artikel gibt mir Gelegenheit, einige Einzel=
heiten schärfer zu fassen und die inzwischen erschienene Literatur
zu verwerten; neu hinzugekommen sind die Ausführungen über
den Kampf zwischen Unternehmertum und Kapital (Abschnitt VII,
Nr. 2).

K. W.

I. Die Aufgabe der Untersuchung.

Als eine der augenfälligsten und zugleich markantesten
Erscheinungen neuzeitlicher Wirtschaftsentwicklung darf die
Tatsache bezeichnet werden, daß die Form der Aktiengesellschaft
sich nicht mehr nur, wie im Anfang ihrer Ausbildung, auf
ganz bestimmte, technisch an die Kapitalgröße hohe An=
forderungen stellende Erwerbszweige beschränkt, daß sie viel=
mehr im letzten Menschenalter mehr und mehr auch solche
Tätigkeitsbereiche ergriffen hat, bei denen eine technische Not=
wendigkeit nicht vorliegt, und daß sie gerade auch hier immer
festeren Fuß gefaßt, sich überall beträchtlich ausgedehnt hat.
Längst sind es nicht mehr nur die großen Unternehmungen
des Überseehandels und Kolonialerwerbs, die sich wegen ihres
eigenartigen Betriebes, wegen des gewaltigen Risikos und
langsamen Kapitalumschlags, dieser Rechtsform bedienen;
auch über die Kanal=, Eisenbahn= und Seeschiffahrtbetriebe,
die Banken und Montanwerke hinweg, bei denen ebenfalls
betriebs= und bautechnische Gründe zur Kapitalakkumulation
geführt haben, hat die Aktiengesellschaft auf so ziemlich alle
Gewerbezweige sich ausgedehnt, seitdem man die Vorteile
der marktmäßigen Kapitalbeschaffung auch für kleinere Unter=
nehmungen erkannt und deshalb seit den sechziger und sieb=
ziger Jahren die Gründung solcher Gesellschaften aus der
Konzessionspflicht herausgehoben, der privaten Initiative
freigegeben hat. Die Folge ist, daß in der Gegenwart keines=
wegs eine besonders hohe Größe des Kapitals für die Aktien=
gesellschaften charakteristisch ist; im Gegenteil: der Durch=
schnittsbetrag der deutschen Aktiengesellschaften beläuft sich nach)

der letzten Aufnahme (30. Sept. 1909)[1] nur auf 2,8 Millionen
Mark, selbst die Werke der Montan- und Eisenindustrie kommen
nur zu einer durchschnittlichen Kapitalgröße von 4,8 Millionen
Mark, und nicht weniger als 2819 Gesellschaften sind gezählt
worden, deren Kapital die erste Million nicht überschreitet,
während 2174 Unternehmungen zwischen 1 und 10 Millionen
sich bewegen, jedoch nur 229 Werke mehr als 10 und gar nur
11 Werke mehr als 100 Millionen Mark aufzuweisen haben. Im
Ausland, wo doch die Milliardenbeträge der Eisenbahngesellschaften den Durchschnittssatz erheblich in die Höhe ziehen, ist
es nicht anders: in Großbritannien und Irland z. B. entfiel im
April 1908 auf die einzelne Gesellschaft nur ein eingezahltes
Kapital von durchschnittlich 47 000 £ oder nicht ganz 1 Million
Mark[2] — ein überraschend geringer Betrag, auch wenn man
berücksichtigt, daß die britische limited company wirtschaftlich nicht nur die Aufgabe der deutschen Aktiengesellschaft,
sondern auch die der G. m. b. H. zu erfüllen hat.

Gerade die Kleinheit dieser Ziffern läßt die Aktiengesell-
schaft recht eigentlich als die Repräsentantin der kapitalistischen
Wirtschaftsform erscheinen. Denn so sicher heute noch die
Zahl der Privatbetriebe die der Aktiengesellschaften ganz
beträchtlich — vergleichbare Zählungen besitzen wir nicht —
um ein beträchtliches übertrifft, so bestimmt kommt hier eine
Entwicklungstendenz zur Erscheinung: die Rücksicht auf den
breiten Markt, wie sie schon die Produktion des modernen
Gewerbes bestimmt und die Technik als den ausschlaggebenden
Faktor zurückdrängt, hat sich auch für die Kapitalbeschaffung
in die vorderste Reihe gedrängt; nicht weil die Kapitalkraft
des einzelnen Unternehmers oder kleiner Unternehmergruppen
und Familien mit den Anforderungen der Technik in Zwie-

---

[1] Vierteljahrshefte zur Statistik des Deutschen Reichs, 1910, II, Er-
gänzungsheft.

[2] Wörterbuch der Volkswirtschaft, 3. Aufl., Bd. I, S. 69.

spalt steht, sondern weil man das Risiko der Marktproduktion verteilen und außerdem für alle Erweiterungs= und sonstigen Organisationsbestrebungen von der privaten Kapitalkraft un= abhängig werden will, darum werden der Regel nach diese kleinen Aktiengesellschaften gegründet. Vollends kann kein Zweifel bestehen, daß fast überall — Landwirtschaft und Warenhandel vielleicht allein ausgenommen — die führenden Großunternehmungen regelmäßig bereits die Gesellschaftsform angenommen haben und sich auch tatsächlich auf den öffent= lichen Kapitalmarkt stützen; Riesenwerke wie die Aktiengesell= schaft Krupp, bei denen es sich lediglich um die Form und nicht um den Inhalt einer Gesellschaft handelt, bilden doch nur seltene Ausnahmen.

Diese Entwicklung bedeutet aber, daß in die Unter= nehmungen der Gegenwart auf breiter Linie ein unpersön= liches Element hineingekommen ist. Denn formalrechtlich ist Trägerin des Unternehmens und damit der Unternehmer= stellung die Summe der Aktionäre, von denen zumeist der größere Teil nur durch das kapitalistische, aber durch kein persönliches Band mit dem Werke verbunden zu sein pflegt; rechnet man doch ganz allgemein, daß bei regelmäßigen Verhältnissen der Besitz von etwa einem Drittel des Aktien= betrages zur Beherrschung der Generalversammlungen aus= reicht, zwei Drittel des Aktienbesitzes also um die Geschäfts= gebarung, die ihrem Dividendenbezug zugrunde liegt, sich nicht im geringsten kümmern. Zudem werden selbstverständ= lich die Beschlüsse dieser Versammlungen durch Mehrheiten gefaßt, denen daraus um so weniger eine individuelle, per= sönliche Verantwortlichkeit erwächst, als nicht einmal bestimmte Parteien sich gegenüber zu stehen pflegen, jeder einzelne viel= mehr völlig im Ganzen untergeht. Und doch ist diesen un= vollständigen und unpersönlichen Organen formal die ganze Dirigierung des Unternehmens überantwortet! Am weitesten

ist dieses „demokratische" System in Deutschland ausgebildet,
wo die politische Stimmungsatmosphäre der sechziger und
siebziger Jahre ganz allgemein das angebliche Wissen und
Interesse der Vielen höher als das Verantwortlichkeitsgefühl
der Einzelnen gewertet hat; da mußten die Forderungen er=
fahrener Unternehmer, wie etwa eines Mevissen, wenigstens
nur den Namensaktionären und nicht dem ganzen, stets
wechselnden Bestande der Besitzer von Inhaberaktien das
Stimmrecht beizulegen, ungehört verhallen. Im demokrati=
schen Nordamerika ist man allerdings so weit wie bei uns nicht
gegangen — dort besteht vielfach die rechtliche Befugnis, die
Generalversammlung auf die Direktorenwahl zu beschränken,
sie von der Dividendenfestsetzung und selbst von Beschlüssen
auf Kapitalerhöhungen fernzuhalten, und tatsächlich legt die
sehr weit verbreitete Übung, die common shares ohne jede
Gegenleistung den Gründern zu überlassen und allein mit
Stimmrecht auszustatten, ganz kleinen Personengruppen die
Möglichkeit nahe, ohne Festlegung größerer Kapitalmassen
sich die Beherrschung der Generalversammlung und damit
des Unternehmens zu sichern; da kommt also das persönliche
Element vielfach auch nach außen noch zur Erscheinung.
Ebenso wird in England das Abstrakte der Versammlungs=
beschlüsse durch das System der Aktionärverzeichnisse gemildert.
Aber auch in diesen Gebieten ist natürlich, wenn das Kapital
am öffentlichen Markt aufgenommen wird, das persönliche
Band zwischen der Gesamtheit der Aktionäre und dem Unter=
nehmen gelockert, wenn nicht gelöst; die Gestalt des Unter=
nehmers hat durch die Summierung der Vielen etwas
Schemenhaftes, Unpersönliches erhalten. Es entspricht mit=
hin ganz gut dem tatsächlichen Verhältnis — obwohl der
Grund in einer anderen Rechtskonstruktion liegt —, wenn,
von Frankreich ausgehend, die romanischen Rechtssprachen die
Aktiengesellschaft als société anonyme zu bezeichnen pflegen. —

Diese Sachlage ist es bekanntlich, von der aus nicht selten die Behauptung aufgestellt wird, im Aufbau der modernen Unternehmungen trete überhaupt das persönliche Element ganz in den Hintergrund; nicht nur die rechtliche Unternehmerpersönlichkeit habe sich in die Masse der Aktionäre verflüchtigt, sondern auch die in diesen Werken tätigen Menschen seien gewissermaßen Maschinen geworden, die nur das Dividendeninteresse ihrer Auftraggeber verfolgten; „das" Kapital, und nicht die individuelle Persönlichkeit, bestimme Art und Gang der Geschäfte. Eine Behauptung, die weit über das Wirtschaftliche und Soziale hinaus dem kapitalistischen System einen Vorwurf bedeutet; denn sie besagt nicht weniger, als daß der Kapitalismus — trotz aller Förderung, die er unzweifelhaft für die Zivilisation und dadurch indirekt für die Persönlichkeitsentwicklung bringt — doch seinem Wesen nach, in sich selbst kulturfeindlich sei, weil er die ihn direkt tragenden Personen vom Ziele der Kulturentwicklung, von der Persönlichkeit entferne.

Aber diese Folgerung aus jenen Tatsachen ist nicht notwendig schlüssig. Sie sieht nur das formale Verhältnis und umgeht die entscheidende Frage, welche Wirklichkeit sich hinter jenen Formen verbirgt. Ein Blick ins politische Leben zeigt uns, daß hier die demokratische Form vielfach nur der Mantel ist, in den sich ein ausgesprochenes Zäsaren= und selbst Despotentum hüllt — ja daß sogar regelmäßig die Demokratie in dieser Enderscheinung ausläuft. Sehr wohl möglich, daß es im Wirtschaftsleben nicht anders ist; daß auch hier die Loslösung der Unternehmung von der Kapitalkraft des einzelnen Kapitalisten, die Verbreiterung der Tätigkeitsbasis und die Minderung des wirtschaftlichen Risikos, für die leitenden Personen, obschon sie formell nach den Beschlüssen der Generalversammlungen handeln müssen, tatsächlich doch die Möglichkeit in sich birgt, in gesteigertem

Maße ihre Persönlichkeit gerade auch in der Unternehmung zu entfalten, und daß über diesen Kreis hinaus auch für die nachgeordneten Angestellten infolge der Wertung der Persönlichkeit die Zukunftshoffnung nicht auf der unpersön= lichen Kunst des Parierens und Anschmiegens, sondern im Gegenteil auf der Selbständigkeit des persönlichen Wesens, auf der Durchsetzung persönlicher Eigenart sich aufbaut. Ist dies die Wirklichkeit, die hinter jenen unpersönlichen Formen steht, dann würde just das Gegenteil von jenem Vorwurf wahr sein; dann wäre der Kapitalismus ein Erzieher zur Persönlichkeit, ein Kulturförderer also von so breiter und tiefer Wirkung, wie wenig andere Kulturfaktoren.

Die Antwort auf die so aufgerollte Frage ist einstweilen in voller Schlüssigkeit nicht zu geben. Denn selbstverständlich machen sich gewisse Sachelemente — wie die Technik, das Verhältnis zum Weltmarkt, die staatliche Wirtschaftspolitik — mit solcher Nachhaltigkeit geltend, daß aus ihnen heraus in den Unternehmungen desselben Gewerbezweiges eine starke Gleichmäßigkeit des Aufbaus, insbesondere der Größe regel= mäßig zu beobachten ist, während umgekehrt für Unter= schiedlichkeiten vielfach neben der staatlichen Gesetzgebung die geographischen Verschiedenheiten als wichtigste Ursachen an= zusprechen sind; da bleiben die persönlich zu begründenden Abweichungen mehr im Dunkeln, weil sie im internen Be= trieb sich abspielen, und leicht werden sie von außen her übersehen oder doch in ihrer Bedeutung für den Entwicklungs= gang des Unternehmens unterschätzt. Anderseits reichen aber die wenigen wissenschaftlichen Biographien, die wir von hervorragenden Unternehmern oder Unternehmungen bis jetzt erhalten haben — selbst die Krupps harren doch noch der wissenschaftlichen, in die Geistes= und Willensverfassung der verschiedenen Generationen und ihre Bedeutung für das Werk eindringenden Behandlung —, bei weitem nicht aus,

ein allgemeines Urteil sicher zu fundieren; erstrecken sie sich
doch naturgemäß einstweilen ausschließlich auf Männer, die
ganz im Anfang des modernen Kapitalismus tätig waren,
diesen mit eingeleitet haben und deshalb ganz selbstverständ=
lich als starke Persönlichkeiten auftreten, und kommt es doch
für unsere Frage gar nicht darauf an festzustellen, ob solche
Persönlichkeiten in den kapitalistischen Organisationen noch
Betätigungsraum finden können — das bestreitet kein Ver=
ständiger —, sondern darauf, ob wir es da mit einer Art
von Massenerscheinung zu tun haben. Bildet es die Regel,
daß dem einzelnen Unternehmen trotz aller Bedeutung der
Sachelemente doch das eigentliche Gepräge von der Persönlich=
keit des Leiters gegeben wird, oder ist für diesen das technische
Können, das kaufmännische Wissen in der Regel eine ge=
nügende Grundlage, die Gestaltungs= und Entschließungskraft
aber eine entbehrliche, wennschon willkommene Zugabe —
diese Frage heischt Antwort, und da ist mit einer Anzahl
von Einzelbiographien nicht viel anzufangen. Da müßten
vielmehr auf ganz breiter Linie unter einheitlichem Gesichts=
winkel Männer und Werke erforscht werden; die Anwendung
unserer historisch=pragmatischen Methode böte hier die einzige
Möglichkeit, zu einem exakten Urteil zu gelangen.

Leider ist einstweilen dieser Weg nicht gangbar. Aller=
dings nicht etwa deshalb, weil unsere Wissenschaft ihn nicht
betreten wolle — ein solcher Vorwurf ist für jeden Kenner
unserer „Schulen" und unserer Literatur schlechthin absurd —,
sondern deshalb, weil unsere kapitalistische Entwicklung noch
zu jung ist. Die Männer, welche die modernen Unter=
nehmungen ins kapitalistische Fahrwasser hineingelenkt und
darin zu immer größeren Leistungen geführt haben, stehen
zu sehr großem Teil noch heute an der Spitze „ihrer" Werke.
Sie persönlich zu werten, fehlt es also an der erforderlichen
Distanz der Zeit; Lebenden kann man nicht wohl Biographien

widmen. Und selbst für die vergangene Generation fehlt es
zumeist am notwendigen Material. Wieviel Unternehmer
gibt es denn, die sich über sich selbst, ihre Wünsche und Ziele
in so ausführlicher Weise schriftlich Rechenschaft ablegen, wie
etwa ein Camphausen oder ein Mevissen getan haben?
Sogar die Versuche, die Unternehmungen in ihren Ent=
wicklungsgründen zu erfassen, scheitern nur allzu häufig an
der harten Tatsache, daß die Begründer keine Zeit und kein
Interesse dafür übrig hatten und auch nicht haben konnten,
die erklärenden Materialien auch noch zu sammeln. Und nicht
zuletzt bildet ein schwer zu überwindendes Hindernis das
bekannte Mißtrauen unserer Erwerbskreise gegen das gedruckte
Wort — auch dieses ein Zeichen von der Jugend unserer
jetzigen Entwicklungsphase und deshalb, so weit meine Er=
fahrungen reichen, in England längst nicht mehr so stark
ausgebildet wie bei uns. Alles kein Vorwurf nach irgend=
einer Seite hin, sondern wohl begreiflich, und eben deshalb
in absehbarer Zeit nicht zu ändern.

Da heißt es sich zu begnügen und — wenn anders man
die Frage aus der Sphäre der allgemeinsten, mehr von
Temperament und Weltanschauung abhängenden Wertung
des Persönlichkeitsfaktors herauslösen und auf Tatsachen=
material fundieren will — zu versuchen, ob nicht auf anderem
Wege zu immerhin brauchbaren Ergebnissen zu gelangen ist.
Von außen her nämlich, an den Fassaden gleichsam der
Unternehmungen, sind Verschiedenheiten so prägnanter Natur
regelmäßig zu erkennen, daß der Rückschluß auf Unterschiedlich=
keiten im inneren Kern statthaft erscheint, auch wenn man
nicht einen Blick in alle Einzelheiten des Gebäudes hat tun
können. Die von außen wirkenden Ursachen bieten sich dabei
stets einer Untersuchung dar, und es bleibt dann festzustellen,
inwieweit etwa der so nicht zu erklärende Rest auf Unter=
schiede der Personen zurückgeführt werden darf. Eine Be=

obachtung von verschiedenen Gesichtspunkten her, eine fort=
schreitende Verengerung des Untersuchungsfeldes und damit
schärfere Konkretisierung der Untersuchungsobjekte muß als
Garantie dienen, daß nicht zu rasch die Persönlichkeit als der
letzte Grund der Unterschiedlichkeiten in Anspruch genommen
wird.

II. Der französische Unternehmertypus.

Betrachten wir den Unternehmungsaufbau zunächst ein=
mal auf breitester, internationaler Basis, so ergeben sich da
— trotz des schwankenden Bodens, auf den man sich begibt —
so scharfe Verschiedenheiten nationaler Art, daß wir recht
wohl von typischen Erscheinungen sprechen dürfen, auch
wenn — wie selbstverständlich — innerhalb der nationalen
Grenzen in nicht geringer Zahl Abweichungen vom Regel=
mäßigen zu beobachten sind.

So wird allgemein anerkannt, daß in Frankreich die in=
terne Kapitalverwendung mit der enormen Kapitalneubildung
nicht Schritt hält, daß insbesondere die großen Ersparnisse
der französischen Volkswirtschaft nur ganz vereinzelt zum
Aufbau solcher Riesenunternehmungen benutzt werden, wie
sie für die Schwerindustrie der Vereinigten Staaten und
Deutschlands, in geringerem Maße auch Englands, schon
charakteristisch sind. Auch ist es sehr bezeichnend, daß die
französischen Großbanken, die zum guten Teil für Gründungs=
und spekulative Zwecke ursprünglich errichtet wurden, fast
ausnahmslos in das weit ruhigere Fahrwasser der Depositen=
banken hineingeglitten sind, während auch die Privatbank=
firmen sich ganz überwiegend der Vermittlung internationaler
Zahlungen oder auch kurzfristiger Kredite, nicht aber der
direkten Teilnahme an Gründungsgeschäften zu widmen
pflegen; vielleicht noch schärfer als heute in England und

gar nicht zu vergleichen mit den Vereinigten Staaten, wo
die Trennung der Promotorfirmen und der hinter ihnen
stehenden Banken eine reine Form geworden ist, wird in
Frankreich das „reguläre" Bankgeschäft mit seinem verhältnis=
mäßig geringen Risiko von aller Gründungstätigkeit auch
tatsächlich, nicht formell, ferngehalten. Endlich sei auch noch
darauf hingewiesen, daß Frankreich im Aufbau seines Ver=
kehrsapparats eine ganz eigentümliche Stellung international
einnimmt: seine Seeschiffahrt beruht noch immer auf den
enormen Subventionen und Prämien, welche der Staat an
alle Gesellschaften und Schiffsbesitzer für jede Fahrt entrichtet,
obwohl das Stadium der ersten Entwicklung doch längst
überwunden ist, und ebenso hat bei den Eisenbahnen das
Privatkapital zum Ausbau des heutigen Netzes sich erst ein=
gefunden, als der Staat in Gestalt von Dividendengarantien
das eigentliche Risiko der Unternehmung auf seine Schultern
nahm, ja für etwa die Hälfte des Kapitals sogar als Selbst=
schuldner sich hinter die Gesellschaften stellte. Überall also,
wo aus bau= und betriebstechnischen Gründen das sachliche
Kapital in besonders großem Umfang erforderlich ist und
deshalb im Aufbau der einzelnen Unternehmungen eine sehr
bedeutsame Rolle spielen muß, da zeigt Frankreich ausgeprägte
Besonderheiten, verglichen mit anderen Ländern, und merk=
würdige Übereinstimmungen, seine verschiedenen Gewerbe=
zweige miteinander verglichen.

Sachliche Gründe, die das Besondere und das Über=
einstimmende restlos erklären könnten, sind nicht ersichtlich.
Frankreich besitzt im Norden Kohlen= und im Osten Eisen=
erzschätze, die reichhaltig und vielgestaltig genug sind, Unter=
nehmungen ganz großen Stils darauf zu etablieren; ja, die
im Norden ungewöhnlich starken Betriebsgefahren, die uns
schon Zola in seinem Germinal so anschaulich macht und die
durch das Unglück von Courrières in aller Mund gekommen

sind, sollten nach deutschem Muster einen besonders starken
Antrieb zur Betriebskombination abgeben, wie auch Zola
ganz richtig erkannt hat, — und doch ist dieser nördliche
Bergbau keineswegs in einem Maße zusammengefaßt, das
mit der Entwicklung unserer rheinisch-westfälischen Kohlen-
gewinnung verglichen werden könnte, während die straffere
Konzentration der neuen Bergwerke des Ostens einen deut-
lichen Fingerzeig für die Begründung dieser auffälligen Erscheinung abgibt: hier im Osten nämlich ist die Erschließung
der Erzschätze zwar mit Hülfe französischen Kapitals, aber
durch belgische und auch durch deutsche Organisatoren erfolgt,
und diese waren hier nicht durch die altgewordenen, mit den
Personen eng verbundenen Besitzverhältnisse des Nordens
gehindert, ihre Organisationsgabe zu entfalten. Wenn dann
auf der Kohlenindustrie, obwohl Frankreich durch den Ausbau
seiner Flüsse und eines systematisch angelegten Kanalnetzes
sehr früh schon ein leistungsfähiges Massentransportmittel
erhalten hat, doch nicht so sehr eine Schwer-, als vielmehr
eine ausgeprägte Feinindustrie sich aufgebaut hat, so stoßen
wir auch da am letzten Ende auf den Persönlichkeitsfaktor:
die altüberkommene Geschicklichkeit und Geschmacksverfeinerung
der Arbeiter trifft sich mit dem Bedürfnis der Unternehmer,
ihre Werke im Rahmen der eigenen Kapitalkraft und des
gewohnten Umfangs zu halten, und dieses ist es, was trotz
der Gunst der Sachelemente und entgegen den in anderen
Nationen, auch in England, zu beobachtenden Bestrebungen
die Schwerindustrie zum Aschenbrödel der Gesamtentwicklung
macht. Noch charakteristischer tritt die Bedeutung der Personen in der Bankengestaltung zutage; denn wenngleich sicherlich der im Einzelfall geringe Bedarf der industriellen Werke
auch auf die Geschäftsgebarung der Kreditinstitute einen
wichtigen Einfluß ausübt, so ist damit doch nicht erklärt,
warum es denn diesen Kapitalvermittlern so sehr an eigener

Initiative fehlt, warum sie so gar nicht — nach deutschem oder amerikanischem Beispiel — die Organisatoren der französischen Volkswirtschaft geworden sind; das kann doch an nichts anderem als an der Eigenart der leitenden Menschen liegen, zumal das Bankenkapital im regulären Bankgeschäft sich noch völlig den Charakter des umlaufenden, den Personen nicht als selbständig gewordenes Element gegenüberstehenden Kapitals bewahrt hat. Für die Schiffahrtsprämien aber bildet, wie selbst in Frankreich allgemein anerkannt wird, der Hinweis auf die sachlichen Lasten, wie die staatliche Dienstpflicht der Kauffahrteimatrosen und die Zölle auf Schiffbaumaterialien, lediglich einen Vorwand, während noch jede öffentliche Enquete selbst für die führenden Gesellschaften einen eigentümlichen, auf dem freien Meere recht übel angebrachten Mangel an Anpassungsfähigkeit offengelegt hat, der allerdings, durch die staatliche Krückenpolitik anerzogen, diese immer von neuem notwendig macht. Und endlich ist auch kein sachlicher Grund ersichtlich, warum in Frankreich so ganz anders als in England die Eisenbahnen als Privatunternehmungen mit staatlichen Geldern gebaut worden sind; von einem Kapitalmangel in privater Hand, wie im Deutschland der älteren Eisenbahnzeit, kann dort um so weniger gesprochen werden, als nach den Verträgen von 1883 die Gesellschaften selbst erst dem Staate jene Beträge vorschießen mußten, zu deren Tragung er verpflichtet war, und auch zur festen Fundierung eines staatlichen Einflusses ist die Finanzbeteiligung des Fiskus nicht benutzt worden.

Im letzten Beispiel tritt am deutlichsten zutage, wo wir die Quellen dieser merkwürdigen Übereinstimmung, die so scharf von den Erscheinungen anderer Völker sich abhebt, wohl zu suchen haben. Der Franzose ist noch immer gewöhnt, in weitausschauenden, mit einem großen Risiko verbundenen Unternehmungen sich ganz unmittelbar auf den

Staat zu stützen. Wie er sich, trotz aller demokratischen Formen, noch immer straffer bureaukratisch als irgendein anderes Volk Westeuropas regieren läßt, so bilden Colbert und Napoleon I. auch wirtschaftlich noch heute seine Ideale: Napoleon III. fand bekanntlich mit seinen manchesterlichen Ideen nicht den leisesten Anklang in der Bevölkerung, und heute ist Frankreich das einzige Land Westeuropas, dessen Schutzzoll noch den merkantilistischen Charakter der Fern= haltung des fremden Wettbewerbs an sich trägt. Da äußert sich auf wirtschaftlichem Gebiet jene Furcht vor Verant= wortung, jene Scheu, etwas Besonderes zu tun und da= durch aus dem allgemeinen Rahmen herauszufallen —, jener traditionelle Behaglichkeitssinn, den noch jeder Kenner Frank= reichs als wichtigstes Merkmal französischer Eigenart fest= gestellt hat, der aber selbstverständlich dem Risiko moderner Riesenunternehmungen durchaus antipathisch gegenübersteht. „Fern von der Kühnheit des englischen, deutschen oder amerika= nischen Kaufmanns, die ihm Tollkühnheit erscheint, ist er nur auf das Sichere bedacht, auf eine bewährte Kundschaft, be= währte Quellen, bewährte Qualitäten; nur ungern läßt er sich auf die bescheidensten Spekulationen ein" — so charakte= risiert ihn ein so warmer Verehrer des französischen Lebens, wie es Hillebrand[1] war. Daher ja auch die enorme, in solchem Maß wohl nirgends wiederzufindende Beliebtheit der staatlichen Schuldverschreibungen und Rente; daher vor allen Dingen auch die so ganz unmodern anmutende Zielsetzung des Franzosen, der bekanntlich nichts sehnlicher wünscht, als noch im rüstigen Mannesalter mit einer auskömmlichen, wennschon bescheidenen Rente sich zur Ruhe setzen zu können, dem die wirtschaftliche Arbeit also gar nicht Selbstzweck wird.

---

[1] Hillebrand, Frankreich und die Franzosen (4. Aufl., 1898), S. 29. Vgl. auch Blondel, L'essor industriel et commercial du peuple alle= mand (3. Aufl., 1900).

Ein Stück mittelalterlicher Menschheit steht dort geradezu vor uns: die Macht des Gewohnten, die Tradition, bestimmt Art und Inhalt des ganzen Lebens, so auch des Wirtschaftens.

So verstehen wir auch den Unternehmungsaufbau dieses Landes. Da ist in der Tat kein Raum für kühne Unternehmernaturen, die ihre Lebensarbeit daran setzen, „ihr" Werk zur höchsten Leistungsfähigkeit emporzuführen. Da bleibt man günstigstenfalls im technisch Notwendigen stecken, da sonst die Rente leiden würde. Da können Monopoltendenzen, die einige Wenige über die Masse der Anderen emporheben müßten, nicht zur Durchführung gelangen. Da bildet die Regel jenes brave Mittelmaß, das nirgends anstößt, aber auch niemals den Ehrgeiz des Führens hat. Die Unternehmungen sind ein getreues Abbild der darin tätigen Personen, werden von deren Eigenart in Aufbau und Entwicklung bestimmt. Wie bezeichnend, daß im Großhandel der französischen Seeplätze, insbesondere in Havre und Marseille, wo der scharfe Risikowind des internationalen Wettbewerbs weht, trotz aller politischen Begünstigungen dieser Städte doch das fremde Personenelement, nicht zuletzt deutsche Kaufmannschaft, an führender Stelle steht, und daß neuerdings an der Ostgrenze die großzügige Organisation der jungen Eisen- und Kohlenindustrie ganz überwiegend von Belgien und Deutschland her eingeleitet worden ist: das kapitalreiche Frankreich muß sich die leitenden Persönlichkeiten vom Ausland holen, die in der Sache liegenden Organisationstendenzen zur Wirkung zu bringen!

III. Das englische Unternehmertum.

Ist so Frankreichs Gewerbeleben durch ein Unternehmer=
tum charakterisiert, das im strengen Sinne des Worts diese
Bezeichnung kaum verdient, so zeigen uns England, Deutsch=
land und die Vereinigten Staaten von Amerika den risiko=
frohen, vorwärtsdrängenden Typ des modernen Wirtschafts=
menschen, dem das Arbeiten mit unbekannten Größen, das
Spekulative des Weltmarkts geradezu Lebenselement geworden
ist: den Unternehmer im weltwirtschaftlichen, kapitalistischen
Sinne des Worts. Und doch nicht in einheitlicher Gestalt.

1. Nehmen wir wieder solche Gewerbezweige zum Ver=
gleich, in denen von der technischen Grundlage her besonders
hohe Anforderungen an die Kapitaliengröße der einzelnen
Werke gestellt werden, in denen also die rein sachlichen
Organisationstendenzen mit besonderer Kraft zur Geltung
kommen, so treten gleich in der Kohlenindustrie Groß=
britanniens sehr wichtige Eigenheiten uns entgegen. In
den Vereinigten Staaten ist der Grubenbesitz, wie von der
Industrial Commission festgestellt worden, schon sehr stark
konzentriert; er steht, soweit Industriekohle in Betracht kommt,
zum großen Teil unter dem beherrschenden Einfluß der ver=
arbeitenden Unternehmungen — gute Kokskohle z. B. ist
außerhalb des Stahltrusts kaum zu haben —, und die Haus=
brand=Anthrazitkohle wird ebenso vollständig von den Eisen=
bahngesellschaften kontrolliert, die das Gewinnungsgebiet er=
schließen, und die auch durch die neueste Gesetzgebung nur
in der Form, nicht in der Sache zu einer Änderung ihres
Herrschaftsverhältnisses veranlaßt worden sind. In England
dagegen ist noch immer jene enorme Zersplitterung zu be=
obachten, die aus den Anfangszeiten des Bergbaus stammt;
sie wird auch nicht durch einzelne Großunternehmungen von
beherrschender Produktionskraft durchbrochen, und jeder Ver=

· 2*

ſuch, die Vielheit der Zechen wenigſtens dem Markte gegen=
über durch ſtraffe Kartellbildungen aufzuheben, iſt bisher
geſcheitert. Deutſchland ſteht etwa in der Mitte zwiſchen
dieſen Extremen: in Oberſchleſien, im Aachener und im Saar=
revier ſind ſtraffe Zuſammenfaſſungen vorgenommen worden;
an der Ruhr gibt es noch eine große Vielheit von ſelbſtändigen
Zechen, aber einige Geſellſchaften haben ſich zu überragender
Produktionsgröße emporgeſchwungen, und das Ganze iſt im
Rheiniſch=Weſtfäliſchen Kohlenſyndikat zu einer ſtraffen Markt=
einheit zuſammengefaßt.

Woher dieſe Unterſchiede? Sind ſie aus der wirtſchafts=
geographiſchen oder der wirtſchaftspolitiſchen Verſchiedenheit
reſtlos zu erklären, oder haben vielleicht die Differenzen der
hiſtoriſchen Entwicklung ſachliche Abweichungen von ſolcher
Wucht herbeigeführt, daß darauf der heutige Zuſtand un=
abänderlich abgeſtellt iſt? Oder endlich, liegen die Gründe
in der Perſönlichkeitsſphäre, die es in Großbritannien zu
einem Aufbau moderner Geſtaltung nicht kommen läßt? So
wird man die Fragen zu ſtellen haben, um nicht Wichtiges
zu übergehen.

Da iſt es gewiß richtig — was Levy[1] für den ent=
ſcheidenden Faktor angeſehen wiſſen will —, daß der engliſche
Kohlenbergbau in eine größere Anzahl von Revieren zerfällt,
deren Produktionsbedingungen und Qualitäten ſtark von=
einander abweichen; und ganz unzweifelhaft ergeben ſich aus
dieſen Unterſchiedlichkeiten, wie auch allein ſchon aus der
Tatſache der räumlichen Diſtanzierung der Produktionsſtätten
ſtarke Hinderniſſe für jede Zuſammenſchlußbewegung, mag

---

[1] Levy, Die Truſt= und Kartellentwicklung in Großbritannien und ihre
Beziehungen zum Freihandel (in Schmollers Jahrbuch für Geſetzgebung uſw.
1908, S. 1531 fg.), ſowie Engliſche Kartelle der Vergangenheit (ebenda 1907,
S. 1099 fg. und 1667 fg.); zuſammenfaſſend: Monopole, Kartelle und Truſts
in ihren Beziehungen zur Organiſation der kapitaliſtiſchen Induſtrie, dar=
geſtellt an der Entwicklung in Großbritannien (Jena, 1909).

sie in der Form des Trusts oder des loseren Kartells ver=
sucht werden. Aber als unüberwindlich können diese Schwierig=
keiten gerade nach den deutschen Erfahrungen nicht anerkannt
werden. Denn auch die Zechen des Ruhrreviers sind in ihren
natürlichen und technischen Bedingungen von sehr starker
Mannigfaltigkeit; wir haben auch da Betriebe, die ausschließ=
lich bestimmte, in anderen Zechen nicht vorkommende Sorten
produzieren, und vollends ergeben sich aus der Verschieden=
heit der Tiefenlage Abweichungen der Produktionsart und
der Produktionskosten, die einer einheitlichen Preispolitik
sehr hinderlich sind — und doch ist es zum Zusammenschluß
gekommen, genau wie die sehr großen Verschiedenheiten der
einzelnen Tyne=Zechen den Abschluß der älteren englischen
Kohlenkartelle nicht verhindert haben. Erst recht steht der
Aachener Bezirk mit seinem hohen Besitz an Hartkohle auf
abweichender Grundlage — und doch steht er in engster
Fühlung mit dem Ruhrsyndikat. Oberschlesien hält sich
allerdings, ebenso wie Niederschlesien und der Saarbergbau,
außerhalb des Kartells; aber nicht der räumlichen Entfernung
wegen, die zudem größer ist als zwischen den britischen Be=
zirken sondern wegen der Geringfügigkeit der Reibungsfläche,
die zwischen seinem und dem Absatz des Ruhrbezirks be=
steht — weil also der Anlaß zur Vereinigung fehlt, der in
Großbritannien in voller Breite vorhanden ist. Wo der
Wettbewerb in diese Richtung drängt, da ist man in Deutsch=
land, und ebenso in den Vereinigten Staaten, auch bei
räumlicher Entfernung und starker Verschiedenheit der Pro=
duktions= und Absatzbedingungen zur einheitlichen Markt=
politik gekommen; dessen sind der Stahlwerksverband, der
trotz aller Schwierigkeiten über ganz Deutschland sich erstreckt,
und der Stahltrust Nordamerikas gute Zeugen. Ja, die Auf=
lösung der deutschen Roheisensyndikate zeigt sogar an kon=
kretem Beispiel, daß der Unterschied der räumlichen Lage für

das Scheitern der Einigungsversuche nicht das letzthin ent=
scheidende Moment zu sein braucht; denn das Hochofenwerk
Lübeck war zum Anschluß bereit und baut sich doch in allem
Wesentlichen auf denselben Wirtschaftsgrundlagen auf wie
der Stettiner Störenfried, das Kraftwerk des Fürsten Henckel=
Donnersmarck. Wenn also in Großbritannien zwar Preis=
kartelle der Kohlenzechen so lange vorgekommen sind, als die
einzelnen Reviere noch nicht miteinander in Wettbewerb ge=
treten waren, in der Gegenwart aber beim allgemeinen
Durcheinander eine ähnliche Konsolidation sich nicht durch=
setzen kann, so beweist dieses nur, daß die sachlich zur
Kartellierung drängenden Elemente einstweilen noch durch
die sachlichen Hemmnisse der räumlichen Differenzierung auf=
gewogen werden, und daß es an einem Faktor fehlt, der
über diese Hemmnisse hinweg — nach deutschem oder nord=
amerikanischem Beispiel — den Vereinigungsgedanken zum
Siege führt; es ist nicht einzusehen, aus welchem sachlichen
Grunde dort unüberwindlich sein soll, was sich hier als
überwindlich erwiesen hat.

Nun wird allerdings vielfach darauf hingewiesen, daß in
England dem ganzen Kartellgedanken deshalb die werbende,
sieghafte Kraft von vornherein fehlen müsse, weil die Politik
der Zollfreiheit es doch nicht zu einer nennenswerten Preis=
erhöhung kommen lasse. Davon will aber selbst Levy nichts
wissen, obwohl er leidenschaftlicher Freihändler ist und in
anderen Industrien für die Zollfreiheit denn auch die Be=
deutung eines entscheidendeu Kartellhindernisses in Anspruch
nimmt. Dies sei dahingestellt — auch bei Zollfreiheit bleibt
einem Kartell noch reichlich Raum für eine einheitliche Preis=
politik übrig, wie andrerseits Deutschlands Zollschutz die Kar=
telle keineswegs aus dem Rahmen der Weltmarktspreisbildung
herausgestellt hat, vielmehr nur eine Spese und nicht eine
grundsätzliche Verselbständigung bedeutet —; jedenfalls trifft

für Kohle eine solche Argumentation nicht zu. Denn auf
der einen Seite ist zu bedenken, daß die deutschen Kohlen=
vereinigungen auch nicht auf einen Zoll sich stützen können,
und anderseits hat die britische Kohlenindustrie auch ohne
Zoll noch niemals den Wettbewerb fremder Produzenten im
eigenen Bereich zu spüren bekommen, während sie an der
deutschen Küste und längs der östlichen Ströme für unseren
Bergbau eine sehr empfindliche Konkurrenz bedeutet. Deshalb
darf auch nicht an die Stelle des Zollschutzes der sogenannte
Frachtenschutz gesetzt werden; denn wenn der Ruhrbezirk
durch seine Binnenlage in der Tat auf bestimmtem, übrigens
nicht sehr großem Bereich aus der Höhe der Transportkosten,
die der außenstehende Konkurrent aufzubringen hätte, einen
beträchtlichen Schutz genießt, so bedeutet eben diese Binnenlage
des deutschen Konkurrenten auch für die englische Kohlen=
industrie jenen Frachtenschutz, der selbst durch die Tarifpolitik
der deutschen Eisenbahnen nicht wesentlich gemildert wird
und die Gunst der Seelage erst in das richtige Licht setzt.
Welches andere Element ist es denn, was Englands Kohlen
bis in die entferntesten Gegenden des Weltmeeres gelangen,
einen deutschen Wettbewerb da draußen aber nicht recht auf=
kommen läßt? Ganz unzweifelhaft steht dem Absatz eng=
lischer Kohle zu alleiniger Versorgung ein sehr viel größeres
Gebiet höchster Aufnahmefähigkeit zur Verfügung als den
deutschen Kohlenrevieren; diese Kartellgrundlage wäre also
auch ohne Zoll in besonderer Tragkraft gegeben. Am Fehlen
des Zolls kann das Fehlen der Kartelle nicht liegen.

Endlich steht der englische Kohlenbergbau insofern eigen=
artig in der gesamten Kohlenindustrie der Erde, als seine
heutige Organisation aus weit zurückreichenden Wurzeln er=
wachsen ist, während Deutschland und Nordamerika ihre
Kohlenfelder zum großen Teil erst in jüngster Zeit erschlossen
haben; steht doch im Ruhrbezirk der Flächen= und erst recht

der Tiefenausdehnung nach weit mehr als die Hälfte des
Bergbaus noch kein Menschenalter im Betrieb. Das bedeutet
aber, daß Großbritanniens Zechen überwiegend zu einer Zeit
entstanden sind, als man für die Aufschließung der Erde nur
erst geringer Kapitalien bedurfte, und daß sie dann nach
und nach in die größeren Aufgaben der Technik hineingeleitet
werden konnten, soweit sie überhaupt den Anschluß in vollem
Umfang bewirkt haben; die deutschen Unternehmungen dagegen sahen sich von Anfang an hohen Kapitalansprüchen
gegenüber und mußten dem von vornherein in ihrer Organisation Rechnung tragen. Deshalb bei uns als vorherrschende
Form die Aktiengesellschaft, die auf den öffentlichen Kapitalmarkt sich stützt; jenseits des Kanals dagegen der Familien-
betrieb, der zwar auch die Form der limited company meist
angenommen hat, aber in seiner Kapitalbeschaffung nur an
die engen Kreise der Verwandtschaft und persönlichen Be-
kanntschaft zu appellieren pflegt, sich dadurch noch sehr viel
mehr den persönlichen Charakter hat bewahren können. Und
hier scheint mir der entscheidende Grund für die Unterschiede
in der englischen und der deutschen Organisation der Kohlenindustrie zu liegen.

Ganz allgemein nämlich pflegen Familienbetriebe ein
starkes Hemmnis für Zusammenschlußbestrebungen zu bilden.
Auf der einen Seite wird ihnen regelmäßig der Expansions-
drang, der vielleicht rein sachlich aus technischen oder wirtschaftlichen Rücksichten gegeben ist, durch den Wunsch der
Besitzer eingeschränkt, die Verfügungsgewalt über „ihr“ Werk
mit absoluter Sicherheit in der Hand zu behalten; man verzichtet lieber auf die Erweiterung, als daß man auf dem
freien Markt große, die eigene und der Verwandten Kraft
übersteigende Kapitalien aufnimmt und sich damit der Möglichkeit aussetzt, gelegentlich einmal in einer Generalversammlung überstimmt zu werden — es kann nicht recht zur Bildung

jener Riesenwerke kommen, die als Kristallisationspunkte für
eine straffe Kartellbewegung dienen müssen. Nach der anderen
Seite hin setzen solche Unternehmungen aber auch dem Ex=
pansionsdrang anderer Betriebe regelmäßig starken Wider=
stand entgegen; ihre Inhaber fühlen sich traditionell mit
der Arbeit ihrer Väter verwachsen und wollen, selbst wenn
größere pekuniäre Vorteile winken, dafür die Möglichkeit
selbständiger Gestaltung nicht hergeben — sie wollen sich
nicht aufkaufen lassen und sind auch für kartellmäßige Ein=
engungen ihrer Tätigkeit nur schwer zu haben. Das technisch
Notwendige, das wirtschaftlich Wünschenswerte findet am
Irrationellen der Persönlichkeit in solchen Familienbetrieben
allenthalben ein besonders starkes Hemmnis und kann sich
naturgemäß um so schwerer in einer Industrie durchsetzen,
die ganz überwiegend ihre einzelnen Unternehmungen in
dieser Weise aufgebaut sieht.

Jedoch — Schwierigkeiten sind noch keine Unüberwindlich=
keiten; das Vorherrschen der Familienbetriebe reicht allein
auch noch nicht aus, das Fehlen englischer Kohlentrusts und
Kohlenkartelle restlos zu begründen. Auch im deutschen Ruhr=
bezirk stand bekanntlich in den siebziger und achtziger Jahren
des vergangenen Jahrhunderts die große Zahl alter, selb=
ständiger Zechen zunächst als unbesiegbares Hindernis vor
jeder Verwirklichung des damals schon viel erörterten Kartell=
gedankens. Da begannen die Träger der Vereinigungsidee,
die Kirdorf, Hammacher, Müser usw., erst einmal ihre eigenen
Werke ohne Rücksicht auf ihre private Kapitalkraft, gestützt
allein auf ihr Selbstvertrauen zum eigenen Einfluß, in ziel=
bewußter, etwa 15 Jahre umfassender Arbeit auf ganz breiten
Boden zu stellen und dazu fremde Zechen aufzukaufen — be=
zeichnenderweise fast ausschließlich neue, eben erst entstandene
Unternehmungen im nördlichen Teile des Reviers, bei denen
nicht die alte Tradition des Südens zu überwinden war,

das einfache Rechenexempel des größeren Vorteils also an=
gewandt werden konnte. Anfang der neunziger Jahre waren
dadurch Gelsenkirchen, Harpen, Hibernia und einige wenige
andere Kohlengesellschaften, die sich miteinander in enger
Fühlung hielten, zu überragender Macht auf dem Kohlen=
markt gelangt, und da erwies sich der Selbständigkeitsdrang
der alten Zechen nicht mehr als unüberwindlich: 1893 konnte
das Ruhrsyndikat in recht straffer Konzentration gegründet
werden, um dann in der neuen Fassung von 1903 noch
schärfer in die Gestaltungsmöglichkeiten seiner Mitglieder ein=
zugreifen. In der unmittelbaren Gegenwart zeigt das Still=
legen der südlichen Zechen, daß hier der Widerstand der
Familienbetriebe in seinem Kern gebrochen ist. Warum nicht
Ähnliches in England?

Da bleibt zur Erklärung nichts anderes übrig als der
individuelle Charakter des englischen Unternehmertums: der
starke Drang nach selbständiger Betätigung[1], der jeder Auf=
saugungspolitik einstweilen noch nachhaltigen Widerstand
entgegensetzt und auch für kartellmäßige Bindungen nicht zu
haben ist. Allerdings lehnt Levy (a. a. O.), der sich am
eingehendsten mit diesen Fragen beschäftigt, gerade für die
Kohlenindustrie diese Begründung kategorisch ab, und zwar
mit dem Hinweis darauf, daß doch in früheren Zeiten die
Zechen einzelner Reviere sich zu monopolistischer Preispolitik
sehr wohl zusammengefunden hätten, daß also das entgegen=
gesetzte Verhalten der Gegenwart auf einer Änderung der
sachlichen Grundlagen beruhen müsse[2]. Aber damit ist m. E.

---

[1] Diese Formulierung nach dem Charakter scheint mir das Wesen des
englischen Unternehmertums besser zu treffen, als die sonst wohl übliche
Abstellung auf eine verstandesmäßige Wertung des individualistischen Wirt=
schaftsprinzips.

[2] Levy erkennt dabei, wie ausdrücklich bemerkt werden muß, die Be=
deutung des Familienmoments durchaus an, stellt sich also nicht etwa auf
den Standpunkt einer grundsätzlichen Negierung der Persönlichkeitsfaktoren.

seine Annahme nicht bewiesen. Denn früher handelte es sich in der Hauptsache nur darum, in der Preisgestaltung gewisse Minima namentlich in London einzuhalten und dadurch die Produktion, die in ganzer Größe auf dem gemeinsamen Absatz= feld zur Bedarfsdeckung erforderlich war, auf dem für sie wichtigsten Markte vor den Zufälligkeiten der zeitlichen Schwankungen in Angebot und Nachfrage zu schützen; da wurde Art und Umfang der Produktion selbst um so weniger berührt, als schnelle und deshalb ungleichmäßige Ver= schiebungen außerhalb des Bereichs der damaligen Pro= duktionstechnik lagen. Da handelte es sich also im wesent= lichen darum, in einer Art autoritativer Preistaxe das bekannte Angebot mit der bekannten Nachfrage in ein Normalverhältnis zu bringen; eine Ausschaltung des Wett= bewerbs im modernen Sinne, die doch gerade der Ausdehnung der Produktion und damit dem Unbekannten entgegenarbeiten will, kam nicht in Frage. Diese älteren Zechenkonventionen tragen noch nicht, wie ich gerade aus Levys Schilderung herauslese, einen kapitalistischen, sondern mehr einen tradi= tionell=mittelalterlichen Charakter, welcher die Persönlichkeit der Produzenten im gewohnten Gleise läßt[1]. Heute dagegen,

---

[1] Die Eigenart der älteren Kohlenkartelle, wie sie zwischen 1771 und 1844 im Revier von Newcastle bestanden haben, zeigt sich m. E. in zwei Momenten. Erstens war es (nach Levy) von erheblicher Bedeutung, daß bis 1831 eine geringe Anzahl von Verkaufskommissionären ein gesetzliches Monopol auf die Vermittlung des Londoner Kohlen=Großhandels besaß — eine ganz mittelalterlich anmutende Bestimmung — und daß dieses Monopol auch nach seiner gesetzlichen Beseitigung doch tatsächlich noch lange nachwirkte. Zweitens ist charakteristisch, daß die Kartelle immer nur nach London schauten, also ganz und gar im traditionell bestimmten Rahmen sich hielten und dann damit auskommen konnten, auf den Londoner Preis durch die Regelung der Zufuhr, nicht durch direkte Preisbestimmungen einzuwirken; die Pro= duktion des Newcastler Bezirks und der Londoner Bedarf treten da als Größen auf, die aufeinander von jeher abgestimmt sind. Die entscheidende Durchbrechung der Kartellierung ist dann auch vom Newcastler Bezirk selbst her erfolgt; die gewaltige Steigerung der dortigen Produktion, die plötz= lich mit dem Bau der Eisenbahnen vor sich geht, hat das alte Verhältnis

beim allgemeinen Durcheinander des Wettbewerbs, würde es sich darum handeln, in die Produktion der einzelnen regelnd einzugreifen und zugleich ihrem Absatz die Wege autoritativ anzuweisen, wie wir es etwa beim Ruhrsyndikat vor uns haben; da griffe man also in den Geschäftsbetrieb selbst ein, berührte ihn nicht wie bei Preisfestsetzungen nur von außen her. Und dagegen scheint sich die persönliche Eigenart englischen Unternehmertums zu wehren.

2. Nun ist es aber in der Eisen= und Stahlindustrie mit allen ihren Zweigen, in bestimmten Teilen der Textilindustrie und in so mancher anderer Branche zu recht wuchtigen Fusionen, bei den Eisenbahnen und in der Seeschiffahrt auch zu tragfähigen Kartellen gekommen. Steht das nicht im Widerspruch mit der Meinung, daß letzten Endes jenes Selbständigkeitsbedürfnis der Unternehmer für den Gesamtaufbau der Unternehmungen verantwortlich zu machen sei? Der Gegensatz ist offensichtlich und dennoch nur scheinbar.

Sehr bedeutsam nämlich will mir bei den Fusionen der Stahl= und Eisenindustrie die Tatsache erscheinen, daß die trustartigen Gebilde, die da zustande gekommen sind, ausnahmslos trotz der enormen Kapitalansprüche, die gerade in diesem Gewerbezweige von der Technik her an den Fabrikationsapparat gestellt werden, doch als verhältnismäßig klein nur angesprochen werden können. So erheben sich — nach den Zahlen von Macrosty[1] — die größten Unternehmungen dieses Zweiges, die Firmen Vickers Sons & Maxim und John Brown & Co., nur zu einem Gesamt=Aktien= und Obligationenkapital von 7,35 und 7,1 Mill. £ oder rund 140—150 Mill. Mk., und Armstrong Whitworth & Co. bringen es sogar nur

von Grund aus gestört und von etwa 1836 ab (nach Levy) einer einheitlichen Preispolitik unüberwindliche Schwierigkeiten bereitet.

[1] Macrosty, The trust movement in british industry; a study of business organisation (London 1907).

auf 5,7 Mill. £ oder wenig mehr als 100 Mill. Mk.; dabei sind es Unternehmungen, die den Fabrikationsprozeß
von der Kohlen- und Erzgewinnung bis zum fertigen Handels-
und Kriegsschiff einschließlich der Maschinerie und Bestückung
in sich schließen, also unserem Krupp mit seinem — sicher
wohl unterkapitalisierten — Gesellschaftskapital von rund
240 Mill. Mk. verglichen werden müssen. Die Werke der
engeren Stahlindustrie, die mit der schweren Walzfabrikation
abschließen, kommen dort in der Firma Bell Bros. zu dem
Maximum von 3,3 Mill. £, während bei uns die Gelsenkirchener Bergwerksgesellschaft, seitdem sie in die Eisenindustrie
eingetreten ist, auf 178 und der Phönix auf 135 Mill. Mk.
ihr Aktien- und Schuldkapital beziffern. Dazu treten diese
„gemischten Werke" Englands dem Markte durchaus vereinzelt
gegenüber, da es ein Kartell für ihre wichtigsten Fabrikate
nicht gibt; unsere Riesen haben sich dagegen bekanntlich den
Stahlwerksverband geschaffen, der sie für das schwere Massen-
gut zu einer Markteinheit verbindet. Will man auch dieses
Moment noch zu einem ziffernmäßigen Vergleich bringen, so
wäre etwa der nordamerikanische Stahltrust heranzuziehen,
dessen Kapital auf dem Papier rund 1½ Milliarden und in
Wirklichkeit doch immerhin mehrere hundert Millionen Dollars
umfaßt. Da wird deutlich, daß die englischen Fusionen unter
anderen Gesichtspunkten vorgenommen worden sind als die
deutschen und nordamerikanischen Vereinigungen; und zwar
haben sie an einem Punkte Halt gemacht, der auch für uns
und Nordamerika gilt, aber hier schon regelmäßig überschritten wird.

Geht man nämlich die Fusionen durch, wie sie Macrosty
schildert, so ist unverkennbar, daß der technische Gesichtspunkt
der Produktionsverbilligung und -verbesserung überall aus-
schlaggebend gewesen ist — „in all the recent amalgamations,"
so sagt Macrosty selbst, „the main desire has been to in-

crease the power of resisting American competition." Daher
gliedern sich die Werke der späteren Fabrikationsstadien solche
Betriebe der Vorstufen an, die in der unmittelbaren Nachbar=
schaft gelegen sind und dadurch eine bessere Ausnutzung der
Kraftquellen u. dgl. Vorteile bieten, sowie ohne Rücksicht
auf die Lage auch solche Produktionsstätten, die ihnen die
Lieferung bestimmter Qualitäten gewährleisten; aber offen=
sichtlich ohne das Ziel, dadurch vollständig unabhängig im
Einkauf zu werden, und erst recht ohne das Ziel, das Ganze
der Marktproduktion zusammenzufassen. Bei uns dagegen,
und ebenso in Nordamerika, hat je länger je stärker neben
jenem technischen Grunde gerade die Rücksicht auf die Markt=
stellung in der Unternehmungsorganisation hohe, vielfach
entscheidende Bedeutung erlangt: man will im Einkauf der
zu verarbeitenden Materialien vom Markte und seinen
schwankenden Preisen unabhängig werden, im Verkauf der
Fabrikate ihn beherrschen. Deshalb hier die enorme Aus=
weitung der Aufkaufs= und Erweiterungsaktionen und schließ=
lich die Zusammenfassung in straffem Kartell — das Ziel
der Marktbeherrschung kann ja nur durch eine monopolistische,
das Ganze des betreffenden Industriezweiges umfassende Ver=
einigung erreicht werden; dagegen dort die Begrenzung auf
das technisch Wichtige und damit auf kleinere Organisationen,
deren viele ganz selbständig nebeneinander stehen.

Ganz dasselbe, nur in absolut gesteigertem Quantum,
ist bei den englischen Eisenbahnen zu beobachten. Diese sind,
wie alle Schienenwege der älteren Zeit, als kleine Unter=
nehmungen entstanden, die von Stadt zu Stadt ihr Werk
vollführten. Bald zwangen Betriebsrücksichten, die aneinander=
stoßenden Linien zu einheitlichen Gesellschaften zusammen=
zuschweißen, und auch die Zufuhrbahnen mußten aus eben=
solchen Gründen — Ineinandergreifen der Fahrpläne,
Benutzung der Wagen usw. — von den großen Hauptunter=

nehmungen aufgesogen und selbst gebaut werden. Aber
weiter ist man bis zum heutigen Tag nicht gegangen: noch
immer stehen allein in England und Wales nicht weniger
als 10 große Eisenbahngesellschaften, obwohl sie sich viel=
fach berühren und selbst durchkreuzen, in voller Selbständig=
keit nebeneinander, in gewissen Beziehungen sogar sich recht
lebhaften Wettbewerb bereitend und im Gemeinsamen lieber
durch gewaltige Abrechnungsstellen als durch Verschmelzungen
sich behelfend. Da zeigt Nordamerika ein ganz anderes Bild;
hier sind, nachdem die betriebstechnisch begründeten Ver=
einigungen zu einem gewissen Abschluß gebracht worden
waren, von den Großunternehmungen in bewußter Aus=
tauscharbeit gewaltige Monopolkomplexe gebildet worden,
die je ein Gebiet für sich beherrschen — etwa wie dank der
politischen Entwicklung in Deutschland die Staatsbahnnetze
nebeneinander stehen —, nur an den Außenflächen sich be=
rührend und durch Verträge aller Art im Wettbewerb ge=
bunden. Dieses regionale Monopol fehlt in Großbritannien
vollkommen, und verglichen mit den nordamerikanischen
Bahnsystemen, sind deshalb Kapitalriesen, wie die Midland
Railway mit fast 200 Mill. £ — die London and North-
Western mit 125 — die Great Western mit reichlich 100 Mill. £,
als kleine Unternehmungen zu bezeichnen; „das Kapital“
hat nicht vermocht, die sachlich gegebene Zusammenschluß=
tendenz über das technisch Notwendige hinaus zum wirt=
schaftlich Vorteilhaften zu steigern. Umso bedeutsamer, als
die enormen Kosten des englischen Konzessionsverfahrens —
man rechnet darauf etwa 10 % der gesamten Anlagekosten
einer Bahn — und die ebenfalls sehr großen Enteignungs=
schwierigkeiten das Entstehen neuer Konkurrenten ganz un=
gemein erschweren, also ein gewisses Monopolelement schon in
die Entwicklung hineinbringen, und als diese Bahnen zwar
in der Tarifpolitik seit Jahrzehnten kartellmäßig verbunden

sind, in der Gestaltung der Fahrpläne aber und in der Schnelligkeit der Personenzüge wie der gesamten Güter- abfertigung sich bis zum heutigen Tage intensiven Wett- bewerb bereiten.

Endlich sei noch erwähnt, daß auch in der Textilindustrie die technischen Rücksichten für den Aufbau der einzelnen Unternehmungen regelmäßig das Maß zu bestimmen scheinen. Dieser Gewerbezweig ist bekanntlich gerade in England durch eine starke Zersplitterung und durch die große Anzahl kleiner Firmen, sowie durch die weitgehende Spezialisierung der einzelnen Betriebe charakterisiert; gemischte Werke gehören in allen Teilen — mit Ausnahme der Wolltuchindustrie — zu den seltenen Erscheinungen. Anderseits finden sich darin aber, wenn auch als Ausnahmen, Unternehmungen von so gigantischer Kapitalkraft, daß sie die Eisenindustrie weit hinter sich zurücklassen und wohl nirgends auf der Erde ihresgleichen finden; die bekannte Garnfirma I. & P. Coats hat ein Kapital von mehr als 10, die Calico Printers' Association von mehr als 8, die Fine Cotton Spinners' and Doublers' Association von reichlich und die Bleachers' Association von beinahe 7 Mill. £, und alle sind sie durch Fusionen bestehender Betriebe entstanden oder doch, wie Coats, zur heutigen Größe gelangt. Da mag allerdings, wie die Gründungsprospekte zu erwähnen pflegen, der Wunsch mitgewirkt haben, durch den Zusammenschluß bisheriger Konkurrenten den Wettbewerb zu mildern und die Marktstellung der vereinigten Werke zu sichern. Aber doch nicht in einem Sinne, wie er etwa dem amerikanischen Stahltrust zugrunde liegt; denn an eine Marktbeherrschung kann doch in einer Industrie nicht ge- dacht werden, in der die eigentümliche Einrichtung der Miet- fabriken und die weitgetriebene Spezialisierung schon dem geringsten Kapital die Errichtung neuer Unternehmungen ermöglichen, in der daher ein solcher Monopolgedanke noch

weniger als in der Eiseninduſtrie ſich durchſetzen ließe — das
Endloſe, das dieſe Zielſetzung für die Organiſation der Unter=
nehmung bedeutet, muß hier von vornherein fortfallen, und
extinction of competition, wie Macroſty (a. a. O. S. 123)
will, kann hier nicht Zweck der Fuſionen ſein. Wohl aber
laſſen ſich auch durch die Vereinigung in horizontaler Linie,
d. h. von Werken gleicher Fabrikationsſtufe, ſehr gewichtige
techniſche Vorteile erzielen, wie ja gerade auch die großen
Truſts der Eiseninduſtrie ſich deshalb keineswegs auf die
vertikale Kombination beſchränkt haben; es ſei nur auf die
Möglichkeit hingewieſen, die Geſamtleiſtung ſo zu verteilen,
daß jede Betriebsſtätte in ſtrenger Spezialiſierung, ohne die
Zeit und Geld koſtenden Änderungen in der Einſtellung der
Maſchinerie, andauernd dasſelbe herſtellt, oder an die Vor=
teile einer gemeinſamen Verkaufsorganiſation für ſolche Werke,
die bisher vielleicht ſchon ſpezialiſiert gearbeitet, aber jedes
ſeinen eigenen kaufmänniſchen Apparat gehabt haben uſw.
Da gibt die Vereinigung zwar keine Marktbeherrſchung, aber
doch eine hohe Marktſicherheit und dazu die Gewähr höchſter
Qualitätsleiſtung.

Dies Verhältnis wird denn auch in den Gründungs=
proſpekten meiſt ganz richtig dargeſtellt; insbeſondere die
Fuſionen, die von nachhaltigem Erfolg geweſen ſind, haben
ſich — nach Macroſtys eigener Schilderung — von vorn=
herein auf das Herausarbeiten der techniſchen Vorteile, nicht
auf ein monopoliſtiſches Steigern der Verkaufspreiſe ein=
gerichtet. So betont namentlich die Firma Coats, die wohl
als das beſtgeleitete und in größtem Zuge geführte Unter=
nehmen der Textilinduſtrie bezeichnet werden kann, in dem
Zirkular, mit dem ſie die größte Fuſion ihren Aktionären
ankündigt, recht eindrucksvoll: „It is not intended to sell at
higher prices than those charged by the various companies

when they were separate; but a marked improvement in
values will necessarily take place in markets where they
have been unduly depressed by unhealthy and excessive
competition. Quite apart, however, from such readjustment
of selling prices, large savings will result, not only in the
cost of manufacturing, but also in the cost of distributing"[1].
Und daß diese Ersparnisse die Hauptsache sein müssen, wird
noch schärfer in einem Bericht herausgehoben, der unter
wirksamster Anteilnahme derselben Firma über die Reorgani=
sation der Calico Printers' Association von einem Gremium
der ersten Textilmänner Manchesters verfaßt worden ist; da
heißt es[2]: „Too much reliance is placed (im alten Trust)
upon the possibility of obtaining higher prices, whereas it
is in the case of a public company of the greatest im-
portance to supervise every item of expenditure, to closely
compare the cost of production and distribution with what
it was formerly, and to reduce it wherever this can be done
with safety." Schärfer kann die technische Zielsetzung der
Fusionen nicht gut gefordert werden, und es ist ein um so
gewichtigeres Zeugnis, als es nur für die Beteiligten, nicht
für Aktionäre bestimmt war und deshalb frei von jeder
Rücksicht auf Stimmungen der Öffentlichkeit. Übrigens lassen
auch Coats in ihrem Aufbau selbst die gleiche Betonung er=
kennen: es sind doch technische, auf Produktions= und Trans=
portverbilligung abzielende Gründe, nicht Rücksichten der
Marktorganisation, wenn dieses Unternehmen in einer ganzen
Reihe von Ländern Betriebsstätten erworben und sich auch
in vertikaler Richtung Einfluß auf andere Werke gesichert
hat — genau so, wie es technische Gründe sind, die Sicherung
der Rohstoffqualität, welche in der Wolltuchindustrie in so
markantem Gegensatz zu allen anderen Zweigen des Textil=

---

[1] Macrosty, S. 127.
[2] Ebenda, S. 152.

gewerbes das gemischte Werk zur Regelerscheinung gemacht haben[1].

Damit sind der Beispiele genug gegeben; größere Gegen=
sätze sind nicht vorstellbar, als die Eisenindustrie und das
Eisenbahngewerbe mit der scharfen Betonung des stehenden
und die Textilindustrie mit der ebenso scharfen Hervorhebung
des umlaufenden Kapitals. Und doch ein gemeinsamer Zug!
Dort nämlich die technische Zielsetzung der Kombinationen,
obwohl vom Markte her nach weiter greifenden Zusammen=
fassungen gedrängt wird, und hier dieselbe Zielsetzung, ob=
wohl sie nicht von der Technik selbst erzwungen wird und
auch keine Aussicht auf Marktbeherrschung eröffnet. Da wird
man wieder aus dem Aufbau der Unternehmungen auf den
Persönlichkeitsfaktor als die entscheidende Ursache dieses Auf=
baus schließen müssen: das bekannte, dem Sport verwandte
Interesse des Engländers für technische Leistungen, wie es
noch immer den Techniker und nicht den eigentlich kauf=
männischen Organisator an die Spitze der industriellen Werke
zu bringen pflegt, erweist sich als stark genug, den Selb=
ständigkeitsdrang der Einzelunternehmer etwas in den Hinter=
grund zu drängen, während man die Organisation des
Marktes regelmäßig dem selbständigen Handel überläßt, von
daher also keinen Impuls für den industriellen Aufbau erhält.

---

[1] Clapham, The woollen and worsted industries (London 1907). —
Vgl. jetzt auch Vogelstein, Kapitalistische Organisationsformen in der
modernen Großindustrie (Bd. I, 1910), S. 138: „Und doch kann man große
Zweifel hegen, ob die Größe der Unternehmungen nicht eine ganz andere sein
würde, wenn sich nicht die meisten der dortigen Unternehmer (Leeds), der
dortigen Bewohner durch eine gewisse Bürgerlichkeit, um nicht zu sagen Enge,
auszeichneten, die sie zur Leitung von Riesenunternehmungen genau so un=
geeignet machen würde, wie sie ein unbegrenztes Streben nach wirtschaft=
licher Macht und Ausdehnung gar nicht aufkommen läßt. Das Vorherrschen
des mittleren Kapitalisten, des individualistischen bourgeois, der sich in die
Konjunktur einzuordnen, nicht aber sie zu formen sucht, ist in jenen Gegenden
noch ausgesprochener als im übrigen England."

Dieses technische Interesse macht vor allem auch erklärlich, daß die Gestaltungsform straffer Kartelle in England eine so seltene Erscheinung, der Trust dagegen weit beliebter ist. Das Kartell findet negativ sein Wesen darin, daß es unmittelbar nicht in die Art des Produzierens eingreift — die Technik bleibt grundsätzlich unberührt —, während der Trust gerade umgekehrt das Produzieren zur billigsten Methode ausgestalten will. Deshalb findet ein Unternehmer, der zugunsten eines größeren Einheitswerks seine Selbständigkeit aufgibt, eine gewisse Entschädigung darin, daß er dann zwar in seinem kleinen Betrieb nicht mehr ganz frei schalten und walten kann daß er dafür aber bei dem technischen Ausbau der Gesamtunternehmung entscheidend mitreden darf und so gerade auf dem Gebiet der Produktionstechnik, das ihm besonders wert ist, ein Mehr an Einfluß eintauscht. Schließt er sich dagegen einem straffen Kartell an, so kann er bei dessen Preis- und sonstigen Marktbestimmungen, auch bei der Festsetzung der Produktionshöhe zwar, mitsprechen; aber jenes interessiert ihn nicht in erster Linie, und dieses empfindet er hauptsächlich als eine Einengung seiner technischen Bewegungsfreiheit, ohne dafür in der Erweiterung seines technischen Einflusses ein Äquivalent zu erhalten. Auch bei uns in Deutschland sind ja regelmäßig nicht die technischen, sondern die sogen. kaufmännischen Leiter der großen Werke die Träger der Kartellbestrebungen.

Der Kompromißcharakter, der so den englischen Trustbildungen innewohnt, kommt regelmäßig bei den Gründungen der Gesamtunternehmungen auch zur äußeren Erscheinung. Denn es ist doch eine Konzession an den Betätigungsdrang der früheren Inhaber der verschweißten Werke, wenn ihnen fast immer zunächst einmal die Leitung ihres Betriebs — wenn auch jetzt im Rahmen eines allgemeinen Programms — überlassen wird, obwohl über die Mängel eines

solchen Systems nicht die leisesten Zweifel herrschen. Ebenso
ist es nur mit dieser Rücksicht zu erklären, daß gerade die
englischen Fusionswerke regelmäßig mit einem enorm großen
Verwaltungsrat ihre gemeinsame Tätigkeit beginnen; weiß
doch Macrosty von einem Direktorium zu berichten, das
mehr als 80 Mitglieder umfaßte — eine ungeheuerliche,
aktionsunfähige Zahl. Die unausbleibliche Folge tritt denn
auch regelmäßig ein: fast alle Trusts haben einer Reorgani-
sation ihrer Verwaltung unterworfen werden müssen, wenn
sie nicht gar an der Unmöglichkeit, die Interessen des Gesamt-
werks mit den Wünschen der früheren Einzelbesitzer auszu-
gleichen, gescheitert sind. Da erscheinen denn doch die großen
Fusionen, die in der Schwerindustrie Deutschlands und der
Vereinigten Staaten in so großer Zahl vorgenommen worden
sind, von vornhein ungleich planvoller angelegt, weniger vom
Allzu=Menschlichen bestimmt.

3. Eben diese Betonung des Technischen scheint nun auch
einen der Gründe dafür zu enthalten, daß in England bei
aller Ablehnung der Produktionskartelle doch Preissyndikate
garnicht selten sind und zu gutem Teil, wie namentlich bei
den Eisenbahnen, schon seit langer Zeit als tragfähig sich
erwiesen haben. Derartige Vereinigungen lassen den internen
Aufbau des gewerblichen Betriebes unberührt und geben sogar die Möglichkeit, sich noch weniger als sonst mit den
Marktbeziehungen zu befassen — eine Möglichkeit, deren
Wertschätzung sich ganz allgemein in der bekannten Tatsache
kundgibt, daß die englische Industrie für den Absatz ihrer
Erzeugnisse sich fast ausnahmslos des selbständigen Handels
bedient und auch, in starkem Gegensatz zu Deutschland und
Nordamerika, so gut wie gar keine Anstrengungen macht,
dieses Zwischenglied wenigstens bei konsolidierten Wirtschafts=
verhältnissen auszuschalten. Dem stark einseitig technisch

interessierten Unternehmer erscheint daher eine Preisbindung
kaum als eine wirkliche Beeinträchtigung seiner Bewegungs=
freiheit; im Gegenteil, in seiner technischen Sphäre fühlt er
sich freier als vorher, da er nunmehr seine ganze Aufmerk=
samkeit dem technischen Ideal, d. h. der Qualitätsleistung,
und nicht der größten Billigkeit zuzuwenden vermag. Wett=
bewerbs= und damit Ausdehnungsmöglichkeiten bleiben ihm
ja genug, auch wenn er auf die Preisunterbietung verzichtet.

Zudem deckt sich diese Situation mit einem allgemeinen
Zuge des modernen englischen Wirtschaftsmenschen. Heute
bezweifelt wohl niemand mehr, daß Englands Industrie und
Handel ganz wesentlich durch die Machtpolitik des Staates
gefördert worden ist, d. h. zu gutem Teil wenngleich auf
der Initiative, so doch nicht auf einer besonders ausgeprägten
Wettbewerbsfähigkeit des einzelnen Menschen ursprünglich
sich aufbaut. Dieses System des Merkantilismus in seiner
britischen Färbung — die Initiative läßt es den Kaufleuten
und Industriellen, den Wettbewerb fremder Elemente hält
es ihnen fern — hat aber bis zum heutigen Tage in weiten
Kreisen des englischen Unternehmertums noch seine warmen
Anhänger: es bleibt immer bezeichnend, daß gerade die City
von London, der Kern der spezifisch englischen Kaufmann=
schaft, mit besonderer Begeisterung einem Joe Chamber=
lain zugejubelt hat, der wieder auf politischem Wege den
britischen Handel vor fremdem Wettbewerb schützen will.
Außerdem ist England längst zu einer gewissen Sättigung ge=
langt und reich geworden; es muß also die fremden Gebiete,
die diesem Stadium erst noch zustreben, als Emporkömmlinge
betrachten und lehnt es innerlich ab, deren Mittel anzu=
wenden, auch wenn es selbst dieselben Mittel bei seinem
Emporsteigen gar nicht hat verschmähen dürfen. Hierzu ge=
hört in allererster Linie die Preisunterbietung, und man
braucht nur einmal die geradezu echt sittliche Entrüstung

über das „dumping" der deutschen und amerikanischen In=
dustrie aus englischem Munde gehört zu haben, um sofort
zu begreifen, daß hier nicht eigentlich ein wirtschaftlicher
Gegensatz gemeint ist, sondern daß das aristokratisch gewor=
dene Volk der gesicherten Position seine eigene Vergangenheit
vergessen hat und als einen Unterschied der Weltanschauung,
der Anschauung über sittlich Erlaubtes, empfindet, was für
uns lediglich wirtschaftlichen Charakter trägt. Durch be=
sondere Güte der Leistung sich die Aufträge zuführen — das
ist erlaubter, würdiger Wettbewerb; à tout prix sie heran=
ziehen, im Unternehmergewinn den Lohn der eigenen Person
herabsetzen lassen — das ist unfair competition, das tut kein
vornehm denkender Mann, mag es sich dabei um Industrie=
preise oder auch um Banken= und Handelsprovisionen handeln,
die bekanntlich in London trotz aller Durchbrechung seiner
alten Weltvermittlerstellung noch immer auf sonst unbekannter
Höhe gehalten werden.

Wie bezeichnend auch, daß gerade diejenigen Zweige des
englischen Warenhandels, die nicht unmittelbar unter dem
Schutze des Merkantilismus groß geworden sind — wie etwa
der Baumwollhandel, der Handel mit anderem als Ostsee=
getreide, der Metallhandel —, in sehr starkem Maße von
Nicht=Engländern organisiert worden sind, und daß ganz
allgemein das fremde Element im Handel eine sehr bedeu=
tende Rolle heutzutage spielt, während es in die Industrie
nicht annähernd in gleichem Maß hat eindringen können.
Dasjenige Arbeitsgebiet also, welches äußerste Beweglichkeit
erfordert, auf dem vor allem der Preiskampf sich abspielt —
das hat der Engländer zu recht beträchtlichem Teil den
Fremden überlassen; sich hat er dagegen das Feld der
ruhigeren Betätigung vorbehalten, wo noch die Leistung
nach ihrer Güte und nicht in erster Linie nach ihrer Billig=
keit gewertet wird.

Ganz ebenso bekanntlich liegt es im Bankwesen. Da ist es noch keinem fremden Institut gelungen, im Depositen=verkehr auch nur den leisesten Eingriff in die Sphäre der alten, streng englischen Joint Stock Banks zu tun; nur von der Provinz, nicht vom Ausland her sieht London ein kleines, vorsichtiges Wagen neben den allzu starren Konservatismus der eigenen Banken sich schieben. Dagegen herrscht das fremde — nicht zuletzt das deutsche und neuerdings auch das nord-amerikanische — Element um so stärker vor in dem Banken=tum, dem der Engländer bekanntlich diese Bezeichnung ver-weigert: in den Promotorfirmen, die wir mit unseren Gründungsbanken nach dieser Aufgabenseite hin vergleichen müssen; und auch unter den foreign bankers im bemerkens=werten Gegensatz zu den colonial bankers, sind viele ur-sprünglich deutsche, griechische oder sonst fremde Häuser vor-handen. Auch da also das Zurücktreten des Engländertums, wo die großen Risiken das Einsetzen aller Wettbewerbsmittel, eine gewisse Skrupellosigkeit erfordern; und seine beherrschende Stellung, wo die Geschäfte in den regelmäßigen Bahnen ge-wohnter, gesetzter Verhältnisse sich bewegen.

Da kann doch von einer Verschiedenheit der natürlichen, politischen oder sonst sachlichen Verhältnisse nicht mehr die Rede sein; da bleibt nur der Unterschied der Persönlichkeiten zur Begründung der sachlichen Differenzen übrig. Was beim Kinde britischer Abkunft schon auffällt, was beim Erwachsenen im sprichwörtlichen spleen oft unbequem wird — das Be-dürfnis nach unabhängiger, eigenwilliger, vornehmer Be-tätigung bestimmt am letzten Ende auch den Aufbau der wirtschaftlichen Unternehmungen, nicht selten in bewußtem Gegensatz zu dem sachlich Erwünschten. In England ist es als Massenerscheinung die Person des Unternehmers, die „seinem" Werk den Stempel aufdrückt.

IV. Der nordamerikanische Unternehmer.

Dem individualistischen Engländer gegenüber, der auch im Wirtschaftsleben seine persönliche Eigenart nicht verleugnet und damit als Kulturmensch sich dokumentiert, scheint heutzutage der Nordamerikaner den Typ des klassischen economical man darzustellen. Allerdings fehlt es da am notwendigen Material, um vom Aufbau der Unternehmungen den Schluß auf den Persönlichkeitsfaktor in einiger Breite zu ziehen; denn von den allgemeinen Grundzügen dieses Aufbaus wissen wir so gut wie nichts, und sicherlich ist es nicht zulässig, die speziellen Züge der uns bekannten großen Trust- und Monopolpolitik ohne weiteres zu verallgemeinern[1]. Immerhin ist es bemerkenswert, daß überall da, wo die natürlichen Grundlagen zu monopolistischer Gestaltung gegeben sind, auch die Organisationen sich bilden, welche die wirtschaftlichen Konsequenzen daraus zu ziehen suchen; und ebenso ist es bedeutsam, daß einem solchen Auffaugungsprozeß so wenig Widerstand von denjenigen Personen geleistet wird, welche dabei das Werk ihres Lebens zu verteidigen hätten. Da scheint in der Tat der rein sachliche Gesichtspunkt des größeren Vorteils über alle persönlich-ethischen Werte den Sieg davonzutragen.

So kann man wohl sagen, daß aus der Entwicklung der amerikanischen Eisenbahnorganisation die Tendenzen abzulesen sind, die ganz allgemein für diesen Gewerbezweig gelten, wenn nicht persönliche oder gesetzliche Hindernisse sich ihnen entgegenstemmen; das rein kapitalistische Agens kommt greif-

---

[1] Vgl. jetzt Vogelstein, a. a. O., S. 240: „Die Textilindustrie ist ein Beleg dafür, wie einseitig die Auffassung ist, die Konzentration und monopolistische Vertrustung als ein Kriterium der gesamten amerikanischen Industrie anzusehen."

bar deutlich zur Wirkung[1]. Deshalb tritt zuerst die betriebs=
technisch notwendige Verschweißung solcher Linien ein, die
einen einheitlichen Durchgangsweg tatsächlich schon bilden,
oder die im Verhältnis von Zubringern und Hauptbahnen
zueinander stehen; die Leistung wird besser und vor allem
billiger. Dadurch entstehen aber Reibungen zwischen den
Hauptbahnen selbst, da oft mehrere an wichtigen Handels=
zentren sich kreuzen; und auch für Amerika ist dann selbst=
verständlich, daß zwar zunächst die Rivalen in heftigen Tarif=
kämpfen ihre Kräfte messen, daß bald aber der Tarifvertrag
oder gar die Finanzgemeinschaft dem für alle Teile verlust=
bringenden Streite ein Ende macht. Da auch diese Mittel
nicht alles Wettwerben ausschließen, so tritt schließlich mit
zunehmender Dichtigkeit des Eisenbahnnetzes und damit zu=
nehmender Vergrößerung der Reibungsflächen das Bestreben
auf, regionale Abgrenzungen vorzunehmen; Riesenkapitalien
wollen nicht immer wieder der Gefahr eines Kampfes auf
Leben und Tod sich ausgesetzt sehen. So ist schon der Nord=
osten unter die drei Gruppen der Vanderbilt=, Morgan=
und Pennsylvania bahnen im wesentlichen aufgeteilt, und
auch westlich des Mississippi ist eine ähnliche Tendenz zu
beobachten, da hier im Süden die mit der Union Central
Pacific verbundene Southern Pacific ebenso nach absoluter
Beherrschung des Gebiets strebt, wie es im Norden das System
der zusammenstehenden Great Northern und Northern Pacific
tut; die Störenfriede, die da noch in Gestalt der sogenannten
Gould-Bahnen und einiger kleinerer Gruppen vorhanden
sind, werden wohl seinerzeit, wenn erst die Periode des Aus=
baus des Eisenbahnnetzes von der Periode der Betonung der
Tarifgestaltung abgelöst sein wird, an der Aufteilung be=
teiligt und dadurch zum Friedenhalten gebracht werden. Das

---

[1] Vgl. Wiedenfeld, Die Einheitsbewegung unter den Eisenbahnen
Nordamerikas; Archiv für Eisenbahnwesen, 1904.

ift großkapitalistische Monopoltendenz, aufgebaut auf der Herrschaft über den Grund und Boden, die in den Ver= einigten Staaten nur ganz wenig, teilweise gar nicht durch Enteignungsmöglichkeiten eingeengt wird und deshalb bei einiger Engheit der Eisenbahnmaschen neue Durchgangslinien nicht mehr aufkommen läßt. Hier hat das Monopolinteresse außerdem auch noch jenes persönliche Hemmnis fast ganz beseitigt, das sonst aus der Übersichtskraft der leitenden Per= sonen dem Fusionsprozeß bereitet wird. Der Betrieb der einzelnen Bahnen eines Systems ist nämlich ganz allgemein stark dezentralisiert, weil er den schwankenden Verkehrs= bedürfnissen sich rasch anschmiegen muß. Die Einheitlichkeit wird nur für die Grundlinien der Geschäftsgebarung her= gestellt dadurch, daß der Aktienbesitz der einzelnen Bahnen konzentriert ist, und daß daraus eine Beherrschung der Generalversammlungen, vor allem das Recht auf Ernennung und Kontrolle der Direktoren resultiert. Die oberste Spitze braucht dann nicht mehr von den Einzelheiten des Betriebes allzu viel zu wissen; sie hält die Personen in Abhängig= keit, welche die Grundgedanken im einzelnen durchzuführen haben.

Und doch, selbst hier ist der Persönlichkeitsfaktor nicht völlig ausgeschaltet: das Maß der Verschweißungen wird immerhin durch ihn ganz wesentlich mitbestimmt. So hätte der verstorbene Harriman — aus sachlichen Gründen, um mit seinem südlichen System keinem Wettbewerb ausgesetzt zu sein — seinerzeit gar gern auch die nördliche Hälfte des Westens unter seine Botmäßigkeit gebracht. Aber Hill, der Beherrscher des Nordens, war nicht gewillt, die von ihm in langer Arbeit zusammengebrachten Bahnen sich aus der Hand nehmen zu lassen; lieber riskierte er jenen gewaltigen Kampf um den Aktienbesitz, der im Frühjahr 1903 die New Yorker Börse in Aufruhr brachte, bis nach Europa hinüberschlug und beide Teile ganz immense Summen gekostet hat. Die Gegner schlossen dann einen Frieden, der beiden Teilen im wesentlichen ihre Selbständigkeit ließ, aber auch ihren Ehrgeiz nicht befriedigte und deshalb immer wieder einmal durchbrochen worden ist. Vielleicht daß jetzt, nach Harrimans Tode, die Formel gefunden wird, die dem Kapitalinteresse nach endgültigem Frieden gerecht wird; bestehen bleibt aber, daß persönlicher Ehrgeiz auch dort ein konstitutives Element der gewerblichen Organisationen ist.

Beim Stahltrust fehlt es ebenfalls nicht an persönlichen Momenten. Seine Gründung beruhte bekanntlich schon auf der Notwendigkeit, für den Auskauf eines Carnegie so enorme Summen aufzubringen, wie sie von einem einzelnen Werk nicht beschafft werden konnten; immerhin, diesem amerikanisierten Schotten war die Arbeit seines Lebens für einige hundert Millionen feil, wie er ja auch nach seinem bekannten Ausspruch gegen die Gefahr, daß die Söhne eines reichen Vaters verloddern, kein anderes Mittel weiß, als ihnen nichts zu hinterlassen — in seinem Handeln wie in dem Ausspruch als echte Emporkömmlingsnatur, als das Gegenteil einer Kulturpersönlichkeit sich erweisend. Aber später, im Betrieb, da kamen die eigentlichen Personenschwierigkeiten. Da mußte der erste Leiter bald davongejagt werden, weil er seine Stellung allzu sehr zum persönlichen Vorteil ausgebeutet hatte, und noch immer bildet es ein Problem, wie man die Stoßkraft der Unternehmung aufs höchste steigert und doch nicht einem einzelnen Menschen eine allzu große Machtfülle beilegt. Und was hat nicht alles der Stahltrust versucht, um auch in den großen Arbeiterscharen das Interesse am Gesamtwerk zu wecken, da die Kontrolle allein bei so gewaltigen Dimensionen ein promptes Ineinanderarbeiten nicht gewährleisten kann. Als ein Hemmnis machen sich also auch hier die Charaktereigenschaften der Menschen geltend; der ungezügelte Erwerbsbetrieb bedarf zur Durchführuug so großer Aufgaben doch einer gewissen Lenkung.

Aber freilich, mehr als ein vorübergehendes Widerstands= moment kann diese persönliche Seite nicht genannt werden. Das eigentliche Organisationsziel ist doch durch die Rücksicht auf die denkbar größte Kapitalausnutzung gegeben; da spielen die Personen nur als Träger eines sachlich gegebenen Interesses eine Rolle, und es dürfte die allgemeine Situation wohl richtig in einer Bemerkung zusammengefaßt sein, die mir ein führender Politiker der Vereinigten Staaten bald nach dem Tode Harrimans über dieses Ereignis machte: der Mann wird rasch ersetzt und vergessen sein, da andere sein Werk in gleicher Weise fortsetzen werden. So unpersönlich wird selbst solch eine Natur drüben gewertet!

Um so gewichtiger erhebt sich dann aber die Frage: Steht eine solche Unpersönlichkeit des Unternehmertums am Anfang oder am Ende der kapitalistischen Entwicklung? In den Ver= einigten Staaten haben wir es jedenfalls, rein historisch be= trachtet, ausschließlich und noch immer mit dem Anfang zu tun. Das ganze Volk hat ja naturnotwendig noch nicht im leisesten schon zu jener Gesetztheit der äußeren Verhältnisse gelangen können, welche die unentbehrliche Voraussetzung für die Herausarbeitung rein innerlicher Werte bildet. Alles ist noch so ausschließlich auf das Erringen einer wirtschaft= lichen Position abgestellt, daß die Gestaltung der Persönlich= keiten noch gar nicht in Frage steht. Alles ist noch so gleich= mäßig, so über einen Kamm geschoren, daß selbst die führen= den Geister unwillkürlich der Unpersönlichkeit ihren Tribut entrichten und, aus der Not eine Tugend machend, diese Gleichförmigkeit der Verhältnisse und der Menschen für einen Vorzug des Amerikanertums erklären. Kultur heißt nun aber einmal Differenzierung, und nur als werdendes, nicht als schon gewordenes Kulturvolk können die Amerikaner ge=

wertet werden. Deshalb beweist aber auch ihr unpersön=
licher Kapitalismus noch nichts für dessen allgemeine Un=
persönlichkeit.

V. Der deutsche Unternehmercharakter in seinen Grundzügen.

Eine Zwischenstufe zwischen dem schon überpersönlich ge=
wordenen Engländer und dem noch übersachlichen Nord=
amerikaner scheint, nach dem Aufbau seiner Unternehmungen
zu schließen, der deutsche Unternehmer zu bilden: die scharf
charakteristischen Organisationsformen unserer Schwerindustrie
sind am letzten Ende nur aus dem eigentümlichen Kampfe zu
verstehen, den in der Brust jedes Leiters das reale Bedürfnis der
Technik und Wirtschaftlichkeit mit dem irrationalen Bedürfnis
der Persönlichkeitsentfaltung fortdauernd auszukämpfen hat.

1. So sind es unzweifelhaft sachliche Gründe gewesen,
welche im Steinkohlenbergbau des Ruhrgebiets eine Reihe
von Unternehmungen zu immer weiterer Ausgestaltung ihrer
Größe veranlaßt haben. Aus der Sphäre der Technik stammt
dabei die Notwendigkeit, die immer tiefer gehenden und des=
halb teurer werdenden Schachtanlagen auf breitere Kohlen=
felder zu basieren — ein Vorgang, der schon in den fünfziger
und vollends seit den siebziger Jahren zur Gründung von
Aktiengesellschaften reichlichen Kapitals und zur Konsolidierung
bestehender Zechen geführt hat. Wenn dann mit dieser
größeren Förderungsmenge bald die ersten Stadien der Ver=
arbeitung — Kohlenwäsche, Verkokung, Brikettierung — in
einem Werk verbunden werden, so sind es zunächst wieder
technische, und zwar betriebstechnische Gründe, die dazu ge=
führt haben: Förderung und Verarbeitung sind derart auf=
einander abgestimmt, daß die früher üblichen Verträge, welche

zwischen den Zechen und den drüberstehenden, aber in der Form selbständigen Kohlenwäschen und Kokereien regelmäßig abgeschlossen wurden, die Regelmäßigkeit der Lieferung und Abnahme doch nicht in genügender Weise garantieren konnten, daß man also zur Verschmelzung, zum Urbild des „gemischten Werkes" schon in den sechziger und vollends in den siebziger Jahren in einiger Breite schreiten mußte; auch dies ein Verhältnis, das in der Form kapitalreicherer Aktiengesellschaften seinen organisatorischen Ausdruck gefunden hat. Und nun trieb vielfach — aber nicht immer — die Rücksicht auf die Regelmäßigkeit der Betriebsführung zu noch größeren Erweiterungen des Kohlenfelderbesitzes: man wollte an verschiedenen Stellen und in verschiedenen Schichten arbeiten, um den Abbaugefahren nicht allzu einseitig ausgesetzt zu sein. Damit war aber — aus technischer Ursache — die Fessel gesprengt, welche vordem die Rücksicht auf den räumlichen Zusammenhang der einzelnen Betriebsstellen immer um das einzelne Unternehmen gelegt hatte, und die Bahn war für jene größeren Verschweißungen der letzten Jahrzehnte frei gemacht, welche als Vorbereitung und dann vor allem als Wirkung des immer straffer sich organisierenden Syndikats allgemein bekannt sind. Mit solcher Wucht haben alle diese sachlichen Faktoren auf den Aufbau des Ruhrbergbaus eingewirkt, daß die Mitgliederzahl des Syndikats, obwohl bei seiner Neugestaltung fast 20 Hüttenzechen neu hinzugekommen sind, doch von 98 auf 68 sich gesenkt hat, während die durchschnittliche Beteiligungsziffer von 342 650 auf 1 085 000 t gesteigert worden ist; die Höchstziffer, die bei der Gründung im Jahre 1893 auf 2,99 Millionen Tonnen sich belief, ist jetzt bei 8,7 Millionen angelangt.

Gewaltig ist also der Druck der sachlichen Elemente gewesen — und doch ist der letzte, die Gesamtorganisation der Industrie schließlich entscheidende Einfluß nicht von ihm

offenbar ausgegangen. Das technische Bedürfnis allerdings
hat bei den größeren Werken seine volle Befriedigung wohl
gefunden, und wo das nicht der Fall ist, wie bei mancher
älteren Zeche des Südens, da bilden die natürlichen Lagerungs=
verhältnisse und die Nähe der Bestandserschöpfung sachliche
Hindernisse, die sich durch persönliche Organisationsgabe nicht
überwinden lassen. Aber das Syndikat bezweckt bekanntlich
anderes, als technischen Fortschritt, und ebenso sind die größten
Erweiterungen von Einzelwerken über das technische Ziel
hinausgewachsen: Marktbeherrschung gilt es, Anpassung der
Gesamtproduktion an den Gesamtbedarf, und deshalb eine
Preispolitik, die auf der einen Seite die Produktionskosten
der Syndikatsmitglieder deckt, auf der anderen Seite aber
auch dem Steigen des Bedarfs und damit dem Steigen der
Produktion nicht etwa eine gewaltsame Bremse anlegt. Und
da klafft eine Lücke zwischen Wunsch und Wirklichkeit; da sind
die Sachtendenzen nicht zur vollen Durchsetzung gelangt.

Von zwei Gegensätzen sehen wir nämlich das Rheinisch=
Westfälische Steinkohlensyndikat durchzogen. Einmal stehen
in der Preispolitik die Interessen der Großen und die der
Kleinen gegeneinander: jene wollen ihre technisch auf die
volle Höhe gebrachten Anlagen nach Möglichkeit durch steigende
Förderung ausnutzen, und da sie dank dieser hohen Technik
mit niedrigen Produktionskosten rechnen dürfen, so sind sie
immer für Mäßigung in der Ausnutzung der Preismacht,
um den Bedarf nicht zurückzuhalten und so in ihrer Pro=
duktion nicht eingeschränkt zu werden — als „Mäßigkeits=
apostel" pflegen ihre Vertreter aufzutreten; die Kleinen dagegen,
dank technischer Schwierigkeiten mit hohen Produktionskosten
und geringer Ausdehnungsmöglichkeit belastet, müssen auf
Ausnutzung günstiger Konjunkturen dringen, um auch ein=
mal höhere Gewinne abzuwerfen, da eine Einschränkung des
Gesamtbedarfs für ihre verhältnismäßig hohen Beteiligungs=

ziffern weniger Schrecken bedeutet. Sodann sind für die Produktionspolitik die Interessen der reinen und die der Hüttenzechen unvereinbar: diese beanspruchen bekanntlich freie Deckung des Bedarfs der mit ihnen verbundenen Hütten und sonstigen Werke, nehmen also vom Gesamtbedarf einen eminent wichtigen Teil für sich vorweg und lassen die ganze Schwere der Aufgabe, dem übrigen Bedarf die Produktion anzupassen, den reinen Zechen übrig; diese müssen bei jedem Konjunkturenwechsel ihre Förderung sehr viel stärker einschränken, als notwendig wäre, wenn sie auch vom Bedarf der großen Eisenwerke einen verhältnismäßigen Anteil decken dürften. Hier wird also nicht die Gesamtproduktion der Syndikatsmitglieder, sondern nur ein Teil dem Bedarf an= gepaßt, und dort muß die Preispolitik ebenfalls auf einen Teil der Mitglieder stärkere Rücksicht nehmen, als mit dem Interesse der anderen — dies für sich betrachtet — vereinbar ist. Ein dauernder Kompromißzustand steht mithin im Ruhr= syndikat vor uns; das heißt: die sachlich notwendigen Be= strebungen der Zusammenschlußbewegung sind von anders= artigen, zum Teil direkt entgegengesetzten Bestrebungen der einzelnen Glieder in ihrer Wirksamkeit gehemmt und selbst ausgeschaltet. Das Ganze steht in beträchtlichem Gegensatz zu seinen Teilen.

Wie ist das möglich? — Da stoßen wir auf den Per= sönlichkeitsfaktor. Natürlich nicht in dem Sinne, daß die Bestrebungen der einzelnen Werke aus besonderen Wünschen der leitenden Persönlichkeiten etwa abzuleiten wären; das mag hier und da vorkommen, ist aber keine Allgemein= erscheinung — im allgemeinen sind auch diese Ziele, wie oben angedeutet, sachlich begründet. Aber daß sie zur Wirk= samkeit gelangen können, ist durch die Form des Zusammen= schlusses, durch die Organisation also der Gesamtindustrie des Ruhrbergbaus bedingt, und diese wieder beruht auf dem

4

Einfluß persönlich zu nennender Tendenzen. Denn gar kein
Zweifel: die Interessen des Ganzen kämen sehr viel besser,
fast restlos zu ihrem Recht, wenn für den Zusammenschluß
nicht die Form des Syndikats, d. h. der Verkaufsvereinigung
in ihrem Produktionsbetrieb selbständig bleibender Unternehmungen, sondern die Form der geschlossenen Einheits-
unternehmung hätte gewählt werden können, oder wenn
wenigstens nur einige wenige, in ihren Produktionsbedingungen sich nahe stehende Werke, wie die großen Gesellschaften des nordamerikanischen Anthrazitgebiets, in die
Gesamtförderung sich teilten; dann könnte von der Zentrale
her, wie wir es bei den nordamerikanischen Trusts sehen,
die Anpassung der Produktion unter Wahrung der höchsten
technischen Zweckmäßigkeit erfolgen und in der Preispolitik
auf das Ausdehnungsbedürfnis gebührende Rücksicht genommen werden. Aber dieser Weg war und ist in unserm
Ruhrbezirk nicht gangbar, weil die große Zahl der kleinen
und erst recht die der mittleren Zechen für einen Aufsaugungs-
prozeß nicht zu haben ist.

Wie charakteristisch war es schon, daß die ersten Aus-
dehnungsbewegungen der heute führenden Gesellschaften, die
doch bereits als Vorbereitung einer Syndikatsbildung ge-
dacht waren, sich nicht auf einen Erwerb älterer Zechen er-
streckten, vielmehr ausschließlich Neuanlagen des Nordens
ergriffen, die erst seit kurzer Zeit von neu gebildeten Unternehmungen ausgebeutet wurden, also nicht traditionell mit
bestimmten Gewerkenfamilien verbunden waren. Bezeichnend
ist auch, daß gerade im Ruhrbezirk noch immer die Form
der Gewerkschaft so beliebt ist; denn sachlich berechtigt, wie
diese Form für die Errichtung neuer, im Kapitalbedürfnis
schwer zu berechnender Bergwerksunternehmungen sicherlich
ist, zeigt sie bei alten Werken, daß deren Besitzer keinen Wert
auf die Möglichkeit legen, den breiten Kapitalmarkt der

Zentralbörsen aufsuchen zu können — der Kuxenmarkt ist bekanntlich auf ziemlich enge Interessentenkreise begrenzt —, und auch sie muß daher als ein Beweis angesprochen werden, daß hier noch eine enge persönliche Fühlung zwischen Kapitalist und Werk besteht. Diese zu durchbrechen, ist aber bisher nur vereinzelt gelungen. Selbst der neue Syndikatsvertrag von 1903, der doch einen starken Anreiz zu Verschmelzungen in sich trägt, hat in dieser Richtung — im Verhältnis zu den großen Vorteilen, die für die größeren Gesellschaften aus einem Aufkauf der kleineren Zechen sich ergeben müssen — nur recht wenig gewirkt. Am Persönlichkeitsfaktor machen die sachlichen Bestrebungen halt; von ihm wird der Rahmen bestimmt, in dem sie sich betätigen lassen. —

Genau das gleiche gilt für den andern Gewerbezweig, der durch seine Technik zur Investierung großer fester Kapitalien gezwungen ist und deshalb ebenfalls die Wucht der Sachtendenzen besonders deutlich erkennen läßt: die Schwereisenindustrie. Auch hier haben technische Notwendigkeiten und Zweckmäßigkeiten längst den kleinen Rahmen gesprengt, in dem früher die einzelnen Werke sich hielten: aus dem einen kleinen Hochofen der Anfangszeit etwa, der eine Hüttenunternehmung bildete, sind zur Sicherung der Betriebsgleichmäßigkeit und zur Ausnutzung des Nebenapparates mehrere der modernen Riesen geworden; damit sind dann zur vollen Nutzbarkeit der Hochofenhitze, später auch der Hochofen-Abgase, die Stahl- und Walzwerke verbunden worden, während in umgekehrter Richtung zur Sicherstellung der Qualität und auch der Quantität der Verarbeitungsstoffe eine solche Angliederung ebenfalls stattfand, und auch Kokskohlenbergwerke gehören bekanntlich zum vollen Inventar eines „gemischten Werks" der Eisenindustrie. Ins gewaltige aber ist dieser Prozeß ausgeweitet worden, als die Unternehmungen der späteren Fabrikationsstufen durch die Kartellierungen früherer

4*

Stadien — ein sachliches Moment — geradezu gezwungen wurden, sich Betriebe dieser Stadien im vollen Umfang ihres Bedarfs anzugliedern, und als nach der anderen Seite hin die Rücksicht auf Marktbeweglichkeit eine möglichst weitgehende Mannigfaltigkeit der Fabrikation sowie eine starke Annäherung an den letzten Konsum erwünscht erscheinen ließen. Das sich selbst genügende, in der Materialbeschaffung vom Markt unabhängige und mit dem Verkauf erst möglichst spät und breit an den Markt tretende Unternehmen ist sachlich begründet.

Nun ist aber für den Absatz der Markt ganz nicht zu entbehren, und all die Störungen, die von diesem großen Unbekannten bei mangelnder Anpassung der Produktion immer wieder ausgehen, lasten auch auf den Riesenwerken, die doch durch die enorme Größe ihrer stehenden Kapitalien immer mehr zur Betonung gleichmäßiger Arbeit gezwungen werden. Der Zusammenschluß muß also noch weiter gehen: zum Ziel der Marktunabhängigkeit, welches das einzelne Werk verfolgt, tritt das Ziel der Marktbeherrschung für die Gesamtheit der Werke hinzu. Und wieder zeigt sich jene Unstimmigkeit zwischen Wollen und Vollbringen, wie wir sie beim Ruhrkohlensyndikat kennen gelernt haben.

Denn auch hier ist eine wirklich einheitliche Politik, welche die Gegensätze der einzelnen Unternehmungen restlos beseitigen könnte, nur in der Bildung eines geschlossenen Einheitsunternehmens möglich, das zwar nicht notwendig alle Werke dieses Industriezweiges zu umfassen, aber doch mindestens nach Art des nordamerikanischen Stahltrusts zu so erdrückender Produktionsmacht sich emporheben müßte, daß alle anderen Betriebe sich nach ihm zu richten tatsächlich gezwungen wären. Und davon sind wir bekanntlich in Deutschland noch sehr weit entfernt; ja, schwerlich wird es dazu bei uns jemals kommen können. Oder darf man wirklich es für möglich halten, daß Familienunternehmungen, wie etwa

Krupp — Stumm — Gute Hoffnungshütte — Thyssen —
de Wendel und noch manche andere, in aller absehbarer Zeit
ihre Selbständigkeit ganz und gar zugunsten eines Riesen-
trusts aufgeben werden? Ist auch nur damit zu rechnen,
daß auch nur eins dieser immens kapitalkräftigen, durch
reiche Rücklagen sicher fundierten Werke ein anderes Unternehmen zu beherrschender Macht über sich selbst emporsteigen
läßt? Die Frage stellen, heißt sie verneinen. Lieber wird
man sich immer wieder durch die Mangelhaftigkeit der Kartell-
bindungen hindurchwinden, als die Selbständigkeit des Betriebes aufgeben. Wie charakteristisch, daß noch jeder Syndikatsvertrag der schweren Eisenindustrie den einzelnen Mitgliedern
irgendeine Tür hat offen lassen müssen, durch die sie ihre
Produktion über die Syndikatsgrenzen hinaus entwickeln
können; die Produkte B des Stahlwerksverbandes — d. h.
die Produkte, für die noch eine reiche Entwicklungsmöglichkeit
gegeben erscheint — sind zwar bekanntlich kontingentiert,
aber mit Mengen, welche die Fabrikationskraft des einzelnen
Werks in der Gegenwart beträchtlich übersteigen, und eben
deshalb auch in der Preisbildung keineswegs kartellmäßig
gebunden. Da mag in Zukunft — einstweilen steht die Bestimmung lediglich auf dem Papier — der Stahlwerksverband
durch Austausch der Einzelbeteiligungen vielleicht auf eine
gewisse Arbeitsteilung unter seinen Mitgliedern hindrängen;
von da bis zur Bildung eines Einheitsunternehmens ist ein
so gewaltiger Schritt, daß auch nicht die leisesten Anfänge
zu ihm zu erblicken sind. Auf alle absehbare Zeit ist wie
in der Kohlen-, so in der Eisenindustrie mit der Verbandsbildung das letzte Wort gesprochen, mag eine Intensivierung
der Verbandsarbeit auch noch vielleicht aus der Not späterer
Zeiten sich ergeben. Der Selbständigkeitsdrang des einzelnen
Unternehmens, der leitenden Persönlichkeiten ist stärker als
das Konzentrationsbedürfnis des Industriezweiges; und wenn

das für so intensiv kapitalistisch aufgebaute Teile unseres Wirtschaftslebens, wie für Kohle und Eisen, schon gilt — wie viel mehr muß dieser Persönlichkeitsfaktor in anderen Gewerbezweigen sich geltend machen, in denen die sachlichen Betriebsgrundlagen zu so eminenter Wucht noch nicht gekommen sind. Da steht Deutschland dicht an England und wohl im Gegensatz zu Nordamerika.

2. Indes — auch von England wird unser Unternehmertum durch eine tiefe Kluft getrennt: die Grenze, bis zu der die Sachtendenzen sich durchsetzen können, erscheint bei uns wesentlich höher hinaufgeschoben als dort, wie wieder aus der Art der Verbandsbildung abzulesen ist.

Schon das ist bedeutsam, daß bei uns ganz allgemein da, wo Massenleistungen auftreten, wo also die sachliche Grundlage zur Entfaltung breiten Wettbewerbs gegeben ist, alsbald auch die Versuche einzusetzen pflegen, diesen Wettbewerb in eine vertragsmäßige Regelung zu bringen. Mehr als 400 solcher Vertragsverbände konnte das Reichsamt des Innern schon im Jahre 1902 für Deutschland feststellen, und auf alle Industriezweige erstreckt sich die Übersicht, die im Jahre 1905 dem Reichstag vorgelegt worden ist, aber ausdrücklich noch als unvollständig bezeichnet wird. Da finden sich neben den Ziegelei= und ähnlichen Kartellen, die wegen der rein lokalen Wettbewerbsmöglichkeiten auch nur in räumlich engen Grenzen sich bewegen, in recht großer Zahl Verbände, die ganz Deutschland umfassen, und einige international ausgreifende Gebilde sind auch vorhanden; nicht der räumliche Zusammenhang, sondern die Gestaltung des Wettbewerbs ist es offenbar, was den örtlichen Bereich des Verbandes jeweilig bestimmt. Da sind neben den Syndikaten der schweren und leichteren Massenfabrikation auch Verbände aufgeführt, die in der Feinindustrie abgeschlossen worden sind. Großunternehmungen und kleinere Betriebe stehen dicht nebeneinander.

Die meisten dieser Verträge müssen allerdings mit ziemlich magerem Inhalt sich begnügen. Wo eine große Anzahl kleinerer Unternehmungen miteinander um den Absatz ringen, da ist man froh, wenn nur die ärgsten Auswüchse des Kampfes beschnitten werden: Lieferungs= und Kreditbedingungen etwa werden unter bestimmte Mindestnormen gebracht, oder was sonst der Inhalt der sogenannten Konditionenkartelle sein mag. Eine stärkere Konsolidierung der Verhältnisse zeigt es schon an, wenn Mindestpreise vereinbart werden; aber etwas Entscheidendes ist auch damit noch nicht erreicht, da anerkannt die Kontrolle über das Einhalten der Grenze in reinen Preiskartellen nur sehr unvollkommen ausgeübt werden kann und deshalb gerade dann, wenn der Vertrag wirken soll, bei Preisdepressionen, zu versagen pflegt. Und doch macht die englische Kartellentwicklung, wie früher dargelegt, im allgemeinen an diesem Punkte halt!

In Deutschland dagegen ist das Bestreben, darüber hinaus zu gelangen, ganz unverkennbar. Die Zahl der Verbände, die zur Sicherstellung der vereinbarten Preise in die Umsatz= organisation eingreifen, ist doch schon recht beträchtlich; an die Stelle der Verträge, durch welche die einzelnen Werke zur Innehaltung bestimmter Mindestforderungen sich verpflichten, ein eigenes Handeln aber noch sich vorbehalten, sind schon vielfach Verbandsgebilde getreten, die ihren Mitgliedern einen Teil des Handelns selbst abnehmen. Das fängt an mit der verhältnismäßig einfachen Form der Verkaufsagentur, wie sie etwa die älteren Roheisensyndikate und der Halbzeugverband repräsentieren: das Syndikat vermittelt nur die Abschlüsse seiner Mitglieder, läßt diese aber die einzelnen Kaufverträge selbst abschließen und kümmert sich auch nicht um die Erfüllung, hat deshalb keinen nennenswerten

Einfluß auf Art und Umfang der Produktion. Die höchste
Ausgestaltung dann hat diese Entwicklung in jenen Syn=
dikaten gefunden, die — wie das Rheinisch=Westfälische Stein=
kohlensyndikat, der Rheinische Braunkohlenbrikett=Verkaufs=
verein, die neuen Roheisensyndikate, der Stahlwerksverband,
das Kalisyndikat u. a. m. — den Verkauf der Produkte ihren
Mitgliedern ganz abnehmen und von der Marktübersicht her,
die sie dadurch erlangen, sogar über die Höhe der Produktion
die entscheidenden Vorschriften zu erlassen haben. Da bleibt
den einzelnen Werken nur noch die Bestimmung über das
Wie ihrer Produktion; mit allem, was nach außen wirksam
wird, zum Markt hin, treten sie gemeinsam als eine ge=
schlossene Einheit auf. Der Organisationsgedanke hat den
Selbständigkeitstrieb der Einzelnen zurückgedrängt; die Per=
sönlichkeit zieht den Rahmen enger, den sie für ihre Ent=
faltung für unentbehrlich hält, und läßt den Sachtendenzen
den frei werdenden Raum.

Der Gegensatz, der in dieser Grenzsetzung zwischen Eng=
land und Deutschland liegt, kommt am schärfsten im Aufbau
der Seeschiffahrt zur Wirkung[1]. Da sehen wir in London
und Liverpool eine große Anzahl von verhältnismäßig kleinen
Unternehmungen tätig, die in eng begrenztem Ozeangebiet
ihre Linien betreiben und vielfach noch den Charakter des
Familienwerks sich bewahrt haben: private Betriebsfirmen
leiten unter eigener Verantwortlichkeit den ganzen Fahrdienst
von Schiffahrtsgesellschaften, deren Aktienkapital zu ausschlag=
gebendem Teil von ihnen besessen wird, die aber nur den
Charakter von Besitz= und nicht von Betriebsunternehmungen
haben. Da wird mit peinlicher Eifersucht die Selbständigkeit
festgehalten, und höchstens läßt man sich, wie in der eng=
lischen Industrie, zu Preisvereinbarungen (conferences) herbei,

---

[1] Vgl. Wiedenfeld, Die nordwesteuropäischen Welthäfen (Berlin
1903).

während weitergehende Beschränkungen, auch wenn es sich
nur um eine Bestimmung über nicht anzulaufende Zwischen-
häfen handelt, regelmäßig nach kurzer Zeit zur Auflösung
des Vertrages führen oder aber, mehr ausnahmsweise, in
völliger Fusion endigen. In Deutschland dagegen haben
wir — auch hier liegt der Vergleich mit der Schwerindustrie
nahe — nur verhältnismäßig wenige Unternehmungen, diese
aber sämtlich von beträchtlichem Umfang, und alle stehen sie
in enger Fühlung miteinander, um sich nicht gegenseitig Konkurrenz zu machen und den ganzen Schiffahrtsmarkt zu diri-
gieren. Da bleibt man keineswegs bei den Frachtenverein-
barungen stehen; da werden auch nicht nur Finanzgemein-
schaften eingegangen; da ist die gegenseitige Betriebsbeteiligung
und Unterstützung schon geradezu zur Regel geworden. Nach
innen bleibt dann jede Unternehmung selbständig, nach außen
tritt man als geschlossene Einheit auf. Die Hamburg-Amerika-
Linie z. B., deren Nord- und Mittelamerikadienst trotz aller
Eifersucht in engster Fühlung mit dem bremischen Norddeutschen Lloyd sich abwickelt, arbeitet ganz und gar gemeinsam mit der Hamburg-Südamerikanischen D. G. nach Bra-
silien und Argentinien, mit der Kosmos-Linie nach West-
amerika, mit der Woermann- und der Ostafrika-Linie nach
Afrika, während für den Ostasiendienst wieder mit dem Norddeutschen Lloyd eine straffe, den Verkehr nach seiner Art
völlig teilende Vereinbarung besteht. Auch der Lloyd ist für
seine Bemühungen bekannt, die Intensität der Verbandsbildung völlig der Intensität des Wettbewerbs anzupassen, und
auch die kleineren Gesellschaften sehen wir stets bereit, über
die eigene Flagge hinweg im Vertragswege die Reibungs-
möglichkeiten auszuschalten. Deutschlands Schiffahrtsgesellschaften gelten überall als die eifrigsten Förderer auch internationaler Zusammenschlüsse, während Englands Reedereien
immer wieder als Störenfriede auftreten.

Woher das? Sachliche Differenzen sind bei einem Ge=
werbe nicht gegeben, das auf dem freien Meere sich abwickelt
und auch in seinem Landdienst irgendwelche feste Grenzen
längst nicht mehr anerkennt. Das Bedürfnis, die alte Vor=
herrschaft zur See noch immer durch absolute Bewegungs=
freiheit zu dokumentieren, ist bei den einzelnen Personen
schwerlich in so hohem Grade regelmäßig entwickelt, daß es
die ganze Organisation in so scharfen Gegensatz gegen die
Sachtendenzen bringen könnte; war es doch auch nicht stark
genug, die alten Nordamerikalinien Liverpools trotz ihres
ausgeprägt englischen Charakters den Aufkaufplänen eines
J. P. M o r g a n unzugänglich zu machen — es würde übrigens
auch schon unter die persönlichen Motive fallen. Als ent=
scheidend sind vielmehr jene allgemeinen Charakterzüge des
englischen Unternehmertums zu bezeichnen, die früher dar=
gelegt worden sind: der Selbständigkeitsdrang, der für die
technisch=betriebliche Gestaltung des Unternehmens ganz freie
Hand behalten will. Dem steht der deutsche Unternehmer
gegenüber, dessen Selbständigkeitsdrang bei aller Stärke durch
den organisatorischen Sinn, die angeborene und anerzogene
Diszipliniertheit gemildert, und der eben dadurch über Ver=
träge hinaus, die nur dem Einzelnen bei seinem Handeln
gewisse Beschränkungen auferlegen, zu direkt gemeinsamem
Handeln befähigt wird. —

Eben diese Eignung reizt natürlich den deutschen Unter=
nehmer, aus der Möglichkeit in weitem Umfang eine Tat=
sächlichkeit zu machen; und wieder, aus der Weite der Ziel=
setzung, ergibt sich ein charakteristischer Unterschied gegenüber
England. Denn sicherlich liegt ganz allgemein, ohne jede
Differenzierung, im Wesen des Unternehmertums ein organi=
satorischer Zug: die Sachelemente der Produktion und die
persönlichen Kräfte zu einer Einheit zu verbinden, zu produk=

tivem Werk zusammenzuführen, ist die Aufgabe, die dem Unternehmer seine volkswirtschaftliche Stellung anweist, das wichtigste Begriffsmerkmal ausmacht. Aber im einzelnen kann diese Aufgabe sehr verschieden erfaßt und durchgeführt werden, je nachdem der Leiter eines Werkes sich damit begnügt, den Fabrikationsprozeß zu höchster Leistungsfähigkeit zu organi= sieren, oder aber darüber hinaus den ganzen Umlauf von der Rohstoffgewinnung bis zum Konsum zu gestalten sich vermißt. Jenes — eine mehr technisch=betriebliche Zielsetzung, die zwar auch beim Einkauf der Materialien und beim Ver= kauf der Fabrikate kaufmännisch durchsetzt ist, das Verhältnis zum breiten Markt aber grundsätzlich dem selbständigen Handel als besonderem Beruf überläßt; dieses — eine wesentlich kauf= männische Zweckbestimmung, für die der Fabrikationsprozeß nur als Durchgangsstadium in Betracht kommt, die vor allem den breiten Markt im Auge hat und diesen zu beherrschen wünscht. Jenes — das schlechthin Notwendige und deshalb das erste Stadium jeder Unternehmungsorganisation; dieses — eine weitere Ausgestaltung, die unter der Frage wirt= schaftlicher Zweckmäßigkeit steht und deshalb regelmäßig erst bei höherer Entwicklung der Einzelunternehmung einsetzen kann. Jenes die Form, bei der England im allgemeinen stehen geblieben ist; dieses für deutsche Organisationsgabe das erstrebte Ziel.

Auch wir haben selbstverständlich in allen Gewerbezweigen das Anfangsstadium durchmachen müssen, und auch in der Gegenwart stehen unzweifelhaft bei weitem die meisten Werke auf dieser Stufe des betrieblich bestimmten Organisations= ziels. So haben, wie schon einmal erwähnt, unsere ersten großen Kohlenbergwerks=Gesellschaften sich damit begnügt, eine einzige Grube auszubeuten und mit der Kohlenförderung ihren Betrieb abzuschließen; ebenso haben die ersten Hütten= werke nur den Hochofen besessen, das Erz von den Gruben gekauft und ihr Roheisen zur Weiterverarbeitung verkauft. Als dann Kohlenzechen und Kohlenwäschen, Hütten- und Stahlwerke miteinander verbunden wurden, da geschah es auch noch unter dem technischen Gesichtspunkt, die Regelmäßigkeit des Betriebs oder die Qualität des Materials zu gewährleisten, die einmal gegebene Kraft voll auszunützen; das gemischte Werk der älteren Zeit ist ebenso wie jedes einfache Werk der Gegenwart durchaus nach betriebstechnischem Maßstabe organisiert und erfordert deshalb auch die technische Kenntnis des Leiters[1]. Friedrich Krupp und Werner Siemens sind die markantesten Typen industrieller Organisatoren dieser Zweckbestimmung: alles ist auf Qualitätsleistung, auf betrieblich und technisch richtiges Ineinandergreifen der einzelnen Teile abgestellt; von der Idee einer Marktbeherrschung sind beide soweit entfernt, daß sie jede Verbindung mit Konkurrenten grundsätzlich ablehnen. Von Werner Siemens wissen wir, daß er den Titel des Kommerzienrats abgelehnt hat, weil er doch gar nicht Kaufmann sei, während er den des Geheimen Regierungsrats, d. h. des Verwaltungstechnikers, des Betriebsorganisators, als angemessen annahm. Beide Namen beweisen zugleich, daß auch bei uns, genau wie in England, ganz gewaltige Werke unter dieser Zielsetzung zusammengebracht werden können, daß also der Umfang der Organisation nicht über ihren Inhalt aussagt. Es ist ja auch bekannt, daß gerade in jüngster Zeit zwei rein technische Elemente, die Ausnutzung der Hochofenhitze des Roheisens bis zum Walzwerk und die Ausnutzung der Hochofen-Abgase zu Kraftzwecken in der Verarbeitung,

[1] Dieses Moment übersieht Sombart, wenn er in seinem Artikel „Der kapitalistische Unternehmer" (Archiv für Sozialwissenschaft, 1909, Heft 3) die technische Kenntnis des Unternehmers für irrelevant erklärt. Gewiß macht sie noch nicht den Unternehmer; aber auf dieser Organisationsstufe ist sie unentbehrlich.

zu gutem Teil die Ausgestaltung der Einzelunternehmungen in der Eisenindustrie verursacht haben.

Trotzdem genügt diese Art der Organisation nicht mehr dem Rentabilitätsbedürfnis. Die technische Zweckbestimmung hat nämlich das Mißliche, daß sie in der heutigen Zeit, in der es bei der Massenfabrikation wirkliche Geheimnisse kaum noch gibt, keinem Werk einen wesentlichen Vorsprung vor seinem Konkurrenten verleiht; wohl aber führt sie alle zu einer solchen Intensität des Betriebes, daß der Wettbewerb eine früher nicht geahnte Schärfe annehmen mußte, daß die Produktionskosten kaum noch eine Grundlage für die immer wieder unterbotenen Preise abgeben: es wurde ein Zufalls= moment, ob das einzelne Werk für seine Kapitalien noch einen Gewinn herauswirtschaftete oder sich mit der Deckung der unmittelbaren Betriebskosten zu begnügen hatte. Des= halb das Bestreben, diesen Wettbewerb der Einzelnen in ver= trägliche Bahnen zu lenken und schließlich ganz auszuschalten. Das bedeutet: über den Betriebsaufbau der Unternehmungen hinaus muß der ganze Markt organisiert werden, und das geht am letzten Ende nur dadurch, daß die Produzenten zu geschlossenem Angebot sich zusammenfinden, eine Markteinheit bilden.

Das ist die bei weitem schwerere Aufgabe. Denn bei der betrieblich=technischen Organisation des Einzelwerks handelt es sich doch nur darum, die sachlichen Produktionsmittel und abhängige Personen miteinander zu verbinden. Das verlangt zwar sicherlich auch schon viel Sachkenntnis und eine große Kunst der Menschenbehandlung; aber das Recht des Be= fehlens, die Macht der Entlassung des Widerspenstigen stehen hier hinter dem Organisator und erleichtern ihm seine Tätig= keit. Zur Bildung der Markteinheit jedoch sollen unab= hängige, auf ihre Selbständigkeit eifersüchtige Persönlichkeiten zueinander gebracht und trotz widerstrebender Einzelinteressen

beieinander gehalten werden. Da darf die Macht des ein=
zelnen Unternehmers, die in der Drohung verderblicher Preis=
unterbietung sich äußern könnte, nur in sehr beschränktem
Umfange angewandt werden. Da muß jeder damit rechnen,
daß auch ihm selbst ein solcher Preiskampf schwere Wunden
schlägt, und daß die anderen dies wissen[1]. Da heißt es also,
jene Mischung von Rücksicht und Schärfe richtig herstellen
und anwenden, die den Einfluß über Selbständigkeiten allein
zu sichern vermag. Niemals dürfen die Organisatoren dieser
Zweckbestimmung das Interesse ihres Werkes in den Vorder=
grund rücken, und doch müssen sie auf ein eigenes Werk hoher
Leistungsfähigkeit sich stützen können, um ihren Organisations=
vorschlägen auch sachlichen Nachdruck zu verleihen.

Es werden also Fähigkeiten verlangt, die mit spezifisch
technischem Interesse nichts zu tun haben, sogar nur schwer
und selten mit ihm sich in einer Person vereinigt finden;
denn der Techniker wird regelmäßig, dem Künstler gleich, auf
sein Werk den Hauptton legen und dies zu höchster Leistungs=
fähigkeit emporbringen wollen, für Beschränkungen des Be=

---

[1] Anschaulich wird diese Situation in der Kartellenquete von Geh.
Bergrat Wachler (Buchausgabe I, S. 738) geschildert: „Der Kleinste kann
dem Großen sehr erheblich schaden ... Denn wenn der Kampf losgeht,
dann werden allerdings die Kleinen aufgefressen; aber es kostet die Großen
auch ein ungeheures Geld, und der Große überlegt es sich sehr genau, ob
er in der Lage ist, heute oder in zwei Jahren eine Million aufzuwenden,
oder ob er tropfenweise, wenn er ein Kartell schließt, zehn Jahre hindurch
vielleicht jährlich nur 10 000 Mk. verliert. Darum ist es ungeheuer schwer,
in solchen Generalversammlungen es durchzusetzen, daß die Kleinen, die
meistenteils das große Wort führen und immer die höchsten Preise und die
höchste Beteiligung haben wollen, sich dem fügen, wenn die besser situierten
Werke für weitergehende Rücksichtnahme im Interesse der Konsumenten ein=
zutreten geneigt sind. Auch den besser Situierten kann man dann nicht zu=
muten, daß sie, um die Kleinen gefügig zu machen, gleich mit Sprengung
des Kartells drohen.“ — Vgl. auch die Aussage des Leiters des Ruhrkohlen=
syndikats (I, 58): „Die Großbetriebe drängen absolut nicht den kleinen ihren
Willen auf ... Die Beschlüsse sind eigentlich nicht Majoritätsbeschlüsse,
sondern Verständigungen; man kommt zu Kompromissen.“

triebs nicht leicht zu haben fein. Daher in England das fast vollständige Fehlen solcher Marktorganisationen; daher auch in Deutschland gar nicht selten der Widerspruch der leitenden Techniker gegen Vereinbarungen, die von den so= genannten kaufmännischen Leitern getroffen worden sind — es sei nur an die bekannte Tatsache erinnert, daß die einmal geplante und schon bis in die Einzelheiten vereinbarte Ver= einigung der Elektrizitätsgesellschaften Siemens & Halske und Union im letzten Augenblick am Widerstand der Techniker gescheitert ist, während doch die Richtigkeit des Gedankens durch die Bildung der Siemens=Schuckert Werke und die Fusion A. E. G.=Union nicht viel später erwiesen wurde. Aber Deutschlands große Werke der Masseninduftrie haben sich in dem scharfen Wettkampf, in den sie sich durch die Entwick= lung der Verkehrsmittel gestellt sahen, früh von der rein tech= nischen Leitung emanzipiert, das Kaufmännische der Markt= stellung betont und so jenen Organisatornaturen Raum ge= schaffen, die dann auch das Ganze in weit ausschauender Arbeit zusammenzufassen mußten.

Das hängt wieder mit sachlichen Elementen zusammen. Deutschlands Industrie ist, wie schon einmal erwähnt, zu einer Zeit entstanden, als die Technik bereits große Anfor= derungen an die Kapitalgröße des einzelnen Unternehmens stellte. Deshalb mußte schon die Gründung vielfach in die Form der Aktiengesellschaft gebracht und bei der Kapital= aufbringung auf den breiten Markt der Börse appelliert werden, zumal kapitalkräftige Familien im vormärzlichen Deutschland außerhalb der Bankier= und der Feudalkreise nur erst sehr wenig offenbar vorhanden waren. Dadurch erhielten die Vermittler des Kapitals, die Bankhäuser und Banken, schon in den Anfangszeiten der deutschen Großindustrie einen starken Einfluß auf deren Gestaltung, und sie, die technisch nur unter dem Gesichtspunkt der Rentabilität interessiert

sind, mußten dem kaufmännischen Betriebe volle Aufmerksamkeit zuwenden, sobald die Wirkung des Wettbewerbs auf
dem Markt sich geltend zu machen anschickte. Da ließ man
wohl den Techniker noch an der Spitze des industriellen Werks;
aber vom Aufsichtsrat her — oder rechtlich richtiger für die
Anfangszeit ausgedrückt: von den nicht im Betrieb selbst
tätigen Mitgliedern des Verwaltungsrats her — kam die
Betonung der Marktstellung in die Gesamtpolitik der Werke
hinein. Ein Mevissen z. B. hat seine Organisationsgabe
nicht als der kleine Textilindustrielle, als der er anfing, sondern
als Haupt des Schaaffhausenschen Bankvereins geltend gemacht, und nicht sein technisches Können, sondern seine kaufmännische Gestaltungskraft war die Grundlage seiner über-
ragenden Stellung.

Vollends gilt für die Gegenwart, daß bei der Wahl der
leitenden Persönlichkeiten in der Massenindustrie auf technisches Wissen gar kein Wert mehr gelegt wird. Der Beherrscher der größten Kohlengesellschaft des Ruhrgebiets und
Leiter des Ruhrkohlensyndikats hat eine bergmännische Ausbildung ebenso wenig genossen, wie die anderen „Kommer-
zienräte", die in der Montanindustrie Deutschlands an führender Stelle stehen, und auch die „Bergräte", die von der Leitung
größerer Unternehmungen her als einflußreich bekannt sind,
verdanken diesen Ruf nicht ihrem technischen Können, das
bei vielen wohl kaum bis in alle Einzelheiten hinein mit
den Fortschritten der Zeit Schritt gehalten hat, als vielmehr
ihrer Organisationskunst, die sie früh den Wert des Zusammen-
schlusses hat erkennen lassen. Auch der Leiter des gewaltigen
Konzerns der A. E. G., obwohl früher einmal Ingenieur und
deshalb „Geheimer Baurat", also technisch, betitelt, ist doch
nicht durch seine technische Wirksamkeit in aller Munde, und
bei dem Haupt des Loewe-Konzerns kam schon im Titel
wieder zum Ausdruck, welcher Art seine Tätigkeit war, die

ihn aus kleinen Anfängen so hoch emporgehoben hat. Was mußte vollends der frühere Rechtsanwalt W i e g a n d von der Maschinentechnik und dem technischen Schiffahrtsbetrieb, als er an die Spitze des Norddeutschen Lloyds gerufen wurde; auch dürfte der Generaldirektor der Hamburg-Amerika-Linie aus seiner früher gewonnenen Kenntnis von der Technik des Auswandererdienstes schwerlich eine wesentliche Grundlage für seine heutige Tätigkeit ableiten, während das Organi- satorische, was in der Lenkung der Auswanderungslustigen liegt, sicherlich ihm noch immer zugute kommt. Und ganz allgemein: was bringen denn jene Verwaltungsbeamten mit, die man in so großer Zahl aus dem Staatsdienst in die Ge- werbebetriebe hinüberzieht? Technische Kenntnisse, die sie un- mittelbar verwenden können, doch nur ausnahmsweise; wohl aber organisatorische Erziehung, von der aus sie in der Lage sind, das Ganze eines Betriebes und seiner Außenbeziehungen zu überschauen. Und eben dies gilt endlich für die Bank- direktoren und Bankiers, die so manches Einzelwerk, für das im Interesse seiner technischen Ausgestaltung seine Direktoren die Selbständigkeit erhalten wollten, in unsere großen Ver- bände hineingezwungen haben.

Diese Persönlichkeiten, ganz und gar auf Organisations- fragen eingestellt wie sie sind, sind die Träger der straffen Verbandsbildungen, durch die sich Deutschland so charakteristisch von England unterscheidet. Die Diszipliniertheit des deut- schen Unternehmertums hat in der Gestaltungskraft seine positive Ausstrahlung gefunden.

3. Rein sachlich betrachtet birgt die Durchführung der Marktorganisation unzweifelhaft die Gefahr in sich, daß die Sicherung des Verkaufspreises und auch einer gewissen Absatz- menge die einzelnen Unternehmungen zu technischem Aus- ruhen veranlasse. Warum sollen sie neue Anlagen errichten,

da doch ihr alter Apparat sich unter dem Schutz der Syndi=
kate rentiert? Ein Risiko ist mit Neuem schließlich immer
verbunden; warum das auf sich nehmen? Eine immer noch
weit verbreitete Meinung glaubt ja in der Tat, daß nur der
Stachel des Wettbewerbs zu technischen Verbesserungen, zu
Produktionsverbilligungen führen könne.

Und doch ist von einem technischen Stillstand selbst in
den Gewerbezweigen Deutschlands nichts zu merken, die schon
zu fest geschlossenen Produktions= und Verkaufsverbänden
gelangt sind. So fällt die Einführung der verbesserten, un=
gleich leistungsfähigeren Koksöfen auf den meisten Zechen
erst in die Zeit des Koks= und Kohlensyndikats. Die Aus=
nutzung der sogenannten Nebenprodukte ist ebenfalls erst in
den letzten 15 Jahren eine allgemeine Erscheinung geworden,
und selbst die Verwendung der Koksgase zu Zwecken der
Koksofen= und Kesselheizung, die man schon seit den siebziger
Jahren kennt, ist erst in der Syndikatszeit in voller Breite
durchgeführt worden; ihre Verwendung in Kraftmaschinen
ist vollends erst ein Ergebnis der allerletzten Jahre, und
allenthalben ist man — trotz Syndikatssicherung — daran,
diese Errungenschaft technisch noch weiter zu verbessern, um
sie mit bestimmterer Erfolgsaussicht als jetzt noch zur Ein=
führung bringen zu können. Ein technischer Fortschritt ist
es auch, wenn das Rheinisch=Westfälische Elektrizitätswerk,
das man tatsächlich als ein Kind des Ruhrsyndikats bezeichnen
darf, alle Anstalten trifft, um die Koksgase der großen
Syndikatszechen auch direkt in Leuchtgas zu verwandeln;
eine technische Konsequenz nämlich des Umstandes, daß die
Koksgase in Kraftmaschinen doch noch empfindliche Mängel
aufweisen, und daß gerade den größten Zechen durch ihre
Verbindung mit Hüttenwerken in den Abgasen der Hochöfen
eine Kraftquelle größerer Leistungsfähigkeit zur Verfügung
steht, Koksgase also freigesetzt werden. Da ist in der Tat

technisch schlechthin alles in Bewegung; das Syndikat hat
trotz der Gleichmäßigkeit, die es schon in die Preisentwicklung
gebracht hat, die Bedeutung eines Ruhepolsters für seine Mit=
glieder nicht gehabt.

Und nicht anders in der Eisenindustrie. Da hat die Be=
wegung, die im Interesse besserer Ausnutzung die Hochöfen
immer größer gemacht und ihnen zur Erzielung höherer
Temperaturen immer stärkere Winderhitzer zur Seite gestellt
hat, in der Zeit der Roheisensyndikate keineswegs halt ge=
macht; im Gegenteil, kaum ein Hüttenwerk konnte man da=
mals betreten, das nicht neben den technisch vervollkommneten
Neubauten auch seine bestehenden Öfen nach modern=tech=
nischen Anforderungen umbaute. Gradezu in die Syndikats=
zeit fällt aber die Erfindung, daß die Hochofengase, die man
früher ungenutzt und zur schweren Schädigung der umgeben=
den Landschaft in die Luft gehen lassen mußte, sich direkt
in Gasmotoren zu Kraft verwandeln lassen, und Tausende
von Pferdekräften werden jetzt in eine einzige Maschine in=
diziert, wo man noch vor zehn Jahren mit wenigen Hundert
sich begnügt hat; eine Erfindung übrigens, die dem Laien=
auge ganz äußerlich dadurch erkennbar gemacht ist, daß man
heutzutage im Industriegebiet nur ganz vereinzelt auf jene
Feuergarben blickt, die früher allnächtlich die Gegend erhellten.
Auch daß man das flüssige Roheisen ohne neue Erwärmung
über den Mischer und Konverter hinweg zum Walzwerk
führen und hier zu Schienen auswalzen könne, ist erst seit
den neunziger Jahren allgemeiner erkannt worden, und kaum
ein großes Eisenwerk hat sich durch die Preissicherung der
Verbände davon abhalten lassen, diese Ersparnis an Heizungs=
kosten in seinem Betriebe durchzuführen. Auch das ist von
technischem Stillstand weit entfernt.

Damit sind der Beispiele genug gegeben, die zeigen, daß
einstweilen jene Gefahr des technischen Einschlummerns nicht

verwirklicht worden ist; es fragt sich aber, ob diese Entwick=
lung organisch begründet, also notwendig war, und welchen
Anteil das persönliche Element an ihr hat. Da ist zunächst
festzustellen, daß jedes einzelne Unternehmen auch dann,
wenn ihm durch ein Syndikat die Verkaufspreise hochgehalten
werden, ein starkes Interesse an niedrigen Produktionskosten
nehmen muß. Denn sein Gewinn hängt ja nicht von der
absoluten Höhe der Verkaufspreise, sondern von der Spannung
zwischen diesen und den Produktionskosten ab; je größer sie
ist, umso vorteilhafter für den Einzelnen, und selbst wenn
die Preise nach dem Aufwand technisch rückständiger Werke
bestimmt werden müssen, bleibt noch ein Anreiz zu besserer
Technik übrig. Dazu muß grade die Massenindustrie, die
allein zu straffen Kartellierungen es bisher gebracht hat, in
ihrer Preispolitik stark damit rechnen, daß die Konsumhöhe
beträchtlich von der Preishöhe abhängt, während anderseits
der Produktionskostenanteil des einzelnen Produkts ganz
wesentlich vom Umfang der Produktion in seiner Höhe be=
stimmt wird. Möglichst großer Konsum ist deshalb zu er=
streben und dazu ein möglichst niedriger Preis des einzelnen
Produkts, der aber nur bei geringen Produktionskosten ge=
stellt werden kann; auch das eine sachliche Verumstandung,
die für technische Fortschritte unter den Syndikaten das Tor
öffnet.

Indes, diese sachlichen Interessen dürfen in ihrer Be=
deutung nicht überschätzt werden. Es ist doch ein Unterschied,
ob auf technische Rückständigkeit, wie bei freiem Wettbewerb,
die Strafe des Gewinnrückgangs und selbst des Existenz=
verlustes gesetzt ist, oder ob ein Syndikat auch den lässigen
Mitgliedern den gewohnten Gewinn gewährleistet, den technisch
vorwärts strebenden nur eine Erhöhung in Aussicht stellt.
Allein in jenem Fall des freien Wettbewerbs wird man die
sachliche Strafe, obwohl auch sie selbstverständlich durch das

Medium des Menschen zur Geltung kommt, als das eigentlich
Treibende bezeichnen dürfen; ihr sich zu entziehen ist allgemeines Bedürfnis, und von besonderen persönlichen Eigen-
arten kann nur ausnahmsweise in solchem Zusammenhang
die Rede sein. Gewinnerhöhung ist aber keineswegs ein so
allgemeines Bestreben, daß es auf der ganzen breiten Linie
die Beharrungsmomente ohne weiteres zurückdrängen könnte;
es sei nur darauf hingewiesen, daß z. B. Englands Schwerindustrie, deren altbestehende Unternehmungen ihr Anlagekapital frühzeitig bei mangelnder Ausbildung des Weltmarkts
abgeschrieben haben und deshalb in der Gegenwart sich mit
dem Ersatz der laufenden Kosten begnügen können, auch
tatsächlich durch eine veraltete Technik zu großem Teil beherrscht wird. Nebenproduktgewinnung, Benutzung der Ab-
gase, Verwertung der Hochofenhitze bis zum Walzprozeß bilden
keineswegs schon die Regel. Und wenn nun gar das Be-
harrungsvermögen des Menschen durch die Verbandsbildung
noch eine besondere Stärkung erfährt, dann ist die Gefahr
doch recht allgemein, daß die Werke unter dem Schutz des
Syndikatspreises den technischen Fortschritt vernachlässigen,
im gewohnten Gleise auch bei neuen Möglichkeiten verbleiben.
Den Syndikatsgegnern muß zugegeben werden, daß eine sachliche Notwendigkeit von genügender Kraft bei straffer Kartellierung eines Industriezweiges sich nicht für die Produk-
tionsverbesserung und -verbilligung in die Wagschale legt.
Und doch kann es nicht gut Zufall sein, daß eine so große
Reihe wichtigster Erfindungen grade in der Syndikatszeit
ihren Eingang in die deutsche Montanindustrie gefunden
haben; man wird also den Persönlichkeitsfaktor, ebenfalls
etwas Organisches, zu Hülfe nehmen müssen. Den Schlüssel
dürfte der Unterschied zwischen englischer und deutscher In-
dustrietechnik liefern.

Drüben nämlich ist die industrielle Technik, wie wohl

allgemein anerkannt wird und in den Bestrebungen nach
anderer technischer Vorbildung zum Ausdruck kommt, noch
immer rein empirisch. Mit der Ehrfurcht, die ihn allen Er=
scheinungen der Vergangenheit gegenüber beseelt, übernimmt
der Engländer auch in seiner Industrie den technischen Apparat
seiner Vorgänger. Er verbessert ihn in langsamen, immer
erst durch die Praxis sich ergebenden Versuchen, steht aber
gänzlich Neuem mißtrauisch und selbst ablehnend gegenüber.
Daher die auffällige Erscheinung, daß neue Industriezweige,
wie etwa die Elektrotechnik oder die chemische Farbenindustrie,
auch Teile der Maschinenbau=Industrie, in England nicht
durch englische, sondern mit Hülfe englischen Kapitals durch
fremde, vielfach deutsche und nordamerikanische Organisatoren
regelmäßig eingeführt werden. Daher auch jene merkwürdige
Rückständigkeit in der Montanindustrie, da es sich bei den
oben erwähnten Fortschritten der Technik in der Tat nicht
um eine Fortbildung altüberkommener, sondern um die Aus=
bildung ganz neuer Fabrikationsprozesse handelt. Daher
endlich die Betonung der mechanischen Industriezweige im
Gegensatz zur chemischen Verarbeitung [1].

Ganz anders die Technik der deutschen Industrie. In ihr
verleugnet sich das Volk der Denker ebensowenig, wie in der
systematisch durchgeführten Organisation der Unternehmungen
und Verbände. Sie ist wissenschaftlich orientiert und deshalb
rastlos tätig, die allgemeinen Gesetze der Mechanik und Chemie
zu immer neuen Anwendungsformen zu entwickeln. Sie be=
darf nicht des besonderen Anstoßes eines drohenden Gewinn=
rückganges und ist auch nicht auf die Gewinnerzielung im
speziellen Einzelfall abgestellt. Sie läuft gleichsam neben
den gewohnten Fabrikationsprozessen her und ist deshalb
in der Lage, immer neue Anregungen für den technischen

---

[1] Vgl. v. Schulze=Gaevernitz, Britischer Imperialismus und eng=
lischer Freihandel (Leipzig 1906), S. 344.

Aufbau zu geben. Ihr Prototyp ist in den Heeren von wissenschaftlich geschulten Chemikern gegeben, die wir allent= halben in der deutschen Industrie — ähnlich übrigens in der nordamerikanischen — finden, mag es sich um Betriebe der eigentlich chemischen Industrie handeln, oder mögen Analysen von jedem Hochofenabstich in den Hüttenwerken anzufertigen sein; doch wird auch die wissenschaftliche Mechanik nicht vernachlässigt, wie die Biege= und Zerreißproben erkennen lassen, die in den großen Unternehmungen unserer Eisen= industrie für jede Füllung des Konverters regelmäßig an= gestellt werden [1].

Da ist kein Raum für technischen Stillstand. Da be= deuten die Verbände kein Ruhekissen, sondern im Gegenteil einen Anreiz auch zu solchen Versuchen und Fortschritten, die mit großen Kapitalaufwendungen verbunden und deshalb auf eine gewisse Gleichmäßigkeit der Preisbewegung angewiesen sind. Von dort her wird auch für den Unternehmer, der von jenen Versuchen selbst nichts zu verstehen braucht, das Be= harrungsstreben immer von neuem durchbrochen. Die wissen= schaftliche Technik entspricht seinem systematischen Organisieren; im Suchen nach dem absolut Besten kommen beide Richtungen zueinander. Neben einem starken Selbständigkeitsgefühl und einer kräftigen Organisationsgabe pflegt daher der deutsche Unternehmer einen ausgeprägten Sinn für wissenschaftliche Technik zu zeigen, der ebenfalls für den Gesamtaufbau der

---

[1] Ein Organisator großen Stils, der selbst nicht die leiseste wissen= schaftliche Ausbildung genossen hat, gibt diesem Gedanken folgenden Aus= druck: „Wissenschaftlich vorbereitete junge Leute haben einen bedeutenden Vorsprung über den gelernten Mechaniker: sie besitzen seinen offenen Blick und sind dazu ohne Vorurteil; die wissenschaftliche Schulung des Geistes und der Trieb nach Wahrheit machen sie für neue Ideen empfänglich. Der wissenschaftlich gebildete Jüngling versucht jede neue Erfindung und jede neue Methode, ganz gleichgültig, wer ihr Erfinder sei; er eignet sich an, was das bisher Geleistete übertrifft, und verwirft auch die eigenen Einfälle, wenn sie überholt werden." (Carnegie, Empire of Business.)

deutſchen Induſtrie von entſcheidender Bedeutung iſt, aus
ihm abgeleſen werden kann.

Auch bei uns alſo werden die Grundzüge der Unter=
nehmungsentwicklung am letzten Ende von nationaler, d. h.
von perſönlicher Eigenart beſtimmt, die den Sachtendenzen
ihren Stempel deutlich aufdrückt.

VI. Charakteriſtiſche Unterſchiedlichkeiten im deutſchen Unternehmertum.

Es verſteht ſich von ſelbſt, daß bei einem Verſuch, für das
Unternehmertum verſchiedener Völker die national charakte=
riſtiſchen Eigentümlichkeiten aus dem Unternehmungsaufbau
abzuleiten, nur in großer Linie gearbeitet werden kann; alle
feineren Unterſchiedlichkeiten müſſen im Geſamtbild aufgehen,
wie die Einzelheiten einer Landſchaft, die aus weiter Ent=
fernung betrachtet wird. Als Gegenprobe gleichſam, daß
dabei trotzdem die Konſtituenten des Bildes richtig erfaßt
und eingereiht ſind, hat deshalb noch der Verſuch zu folgen,
wenigſtens einen Teil des Geſamtfeldes in ſeine Einzelheiten
zu zerlegen. Nur wenn die dann hervortretenden Beſonder=
heiten ebenfalls auf den allgemeinen Generalnenner gebracht
werden müſſen, wird man einige Sicherheit richtiger Ein=
ſchätzung für ihn in Anſpruch nehmen dürfen.

1. Die allmähliche Einengung des Geſichtsfeldes führt
dazu, innerhalb des deutſchen Wirtſchaftslebens zunächſt ver=
ſchiedene Gewerbezweige in ihrem Aufbau miteinander zu
vergleichen. Da ſteht nach der Reichsſtatiſtik der Aktien=
geſellſchaften, die für die hier verfolgten Zwecke als genügend
genau bezeichnet werden darf, auf der einen Seite die Montan=
und Hütteninduſtrie, die in ihren gemiſchten Werken ein

durchschnittliches Nominal=Aktienkapital von 25 Millionen Mark erreicht, in den reinen Kohlenzechen aber auch noch reichlich 10 und in den reinen Hüttenunternehmungen immer= hin noch 4,5 Millionen Mark aufzuweisen hat — eine groß= kapitalistische Schwerindustrie in allen ihren Teilen, mit der nach der Kapitalgröße nur die Bank= und Transportunter= nehmungen, sowie die vielgestaltigen und aus der eigent= lichen Industriesphäre weit heraustretenden Elektrizitäts= gesellschaften einigermaßen wetteifern können. Auf der anderen Seite befinden sich die verschiedenen Zweige sonstiger industrieller Tätigkeit, die man vielleicht bei aller Hetero= genität unter dem Namen der Feinindustrie zu jener in einen gemeinsamen Gegensatz stellen darf: zwischen eins und drei, meist aber unter zwei Millionen Mark hält sich das Aktienkapital ihrer Unternehmungen. Dort ist die Zahl der Riesen, die mehr als 20 Millionen Mark in Aktien aufgebracht haben, schon am 30. September 1909, dem Datum der Statistik, immerhin beträchtlich, und zwei Werke haben gar die 100 Millionen überschritten. Hier bildet jene Zahl von 20 Millionen durchaus die Grenze, die nur ganz vereinzelt — von sieben Gesellschaften — überschritten wird, während ander= seits in jedem einzelnen Zweige eine sehr große Anzahl von Unternehmungen trotz der Gesellschaftsform nicht einmal die erste Million erreicht. In der Feinindustrie herrscht auch auf weiten Gebieten noch die private Einzelunternehmung, deren statistische Erfassung die Kapitalzahlen vermutlich noch tiefer herunterdrücken würde; in der Schwerindustrie dagegen ist die Aktiengesellschaft allen Anzeichen nach so weit ver= breitet, daß die noch bestehenden Privatbetriebe und Ge= werkschaften auf das statistische Bild schwerlich nennens= werten Einfluß ausüben könnten. Der Gegensatz kommt also in den Ziffern der Reichsstatistik zu brauchbarem Ausdruck.

Das Bemerkenswerteste an diesen Erscheinungen ist nicht so sehr der Unterschied im Durchschnittskapital, als vielmehr die Verschiedenheit der oberen Grenze. In der Feinindustrie macht sich die Erweiterungstendenz nicht annähernd in gleichem Maße geltend wie in der Schwerindustrie. Drängt hier alles zu einer immer weiter gehenden Konzentration und Kombination der Betriebe, so ist dort die Einheit von Betrieb und Unternehmung noch durchaus die Regel. An typischem, kapitalmäßig aber der Schwerindustrie nahestehendem Beispiel ist zu untersuchen, worauf die Unterschiedlichkeit zurückzuführen ist.

Die Maschinenbau-Industrie ist gewiß ein Konglomerat von technisch sehr verschiedenartigen Betrieben, im Aufbau aber — wenn man die Elektrizitätsgesellschaften ausscheidet — so weit einheitlich, daß sie, wie in den amtlichen Statistiken stets, so auch hier geschlossen behandelt werden darf. Ihr gehörten am 30. September 1909 — bei einem Durchschnitts-aktienkapital von 1,98 Millionen Mark — 26 Gesellschaften an, deren Kapital zwischen 5 und 20 Millionen sich hielt; dagegen 195 Unternehmungen mit mehr als einer, aber höchstens 5 Millionen und 118 Werke mit ½ bis 1 Million, während 79 Gesellschaften nicht einmal ½ Million erreichten.

Zum mindesten die größeren dieser Fabriken, mögen sie nun Lokomotiven oder stehende Dampf- und Gas-motoren, Hochofen- und Walzwerke oder Textilmaschinen oder was immer herstellen, sind auf die Benutzung schwerer Kraftmaschinen eingestellt, an die in großer Zahl und Mannigfaltigkeit Werkzeugmaschinen verschiedensten Kalibers angeschlossen sind. Daher stammt ja die Größe ihrer Arbeits-kapitalien; daher ist aber auch bei ihnen eine Ausdehnungs-tendenz, der Art nach wie in der Schwerindustrie, sehr wohl zu erkennen. Die wirtschaftliche Notwendigkeit, den ganzen teuern Apparat dauernd zu vollständiger Ausnutzung zu bringen, zwingt zusammen mit der technischen Tatsache, daß die größeren Maschinen die Einheitsleistung billiger als die kleineren bewirken, zur Vergrößerung der Produktion und damit des Werks. Das betrieblich=technische Agens ist also in einer gewissen Stärke gegeben.

Dazu kommt, daß zwar auf der einen Seite auch in Deutschland jetzt — anders als früher — die Spezialisierung der Arbeit stark in die Maschinenbau=Industrie eindringt, daß aber auf der anderen Seite die Rücksicht auf die Kon= sumenten jede einzelne Fabrik zwingt, nicht nur einzelne Maschinen, sondern den technischen Apparat ganzer Werke zu liefern. Der Besteller findet es nicht nur — wie etwa in einem Warenhaus — bequemer, nur mit einem Lieferanten zu verhandeln, sondern will vor allen Dingen eine Garantie für den Endeffekt seines ganzen Fabrikationsapparates er= halten, und diese kann nur bei einheitlicher Herstellung ge= leistet werden. So haben wir Etablissements, die sich darauf eingerichtet haben, alles herzustellen, was ein modernes Eisen= werk an Haupt= und Nebenmaschinen braucht; Textilfabriken, Mühlen werden in gleicher Weise von einer Stelle her aus= gestattet, und was dergleichen mehr ist. Was also dort, durch die Spezialisierung, an Mannigfaltigkeit erspart wird, kommt hier reichlich hinzu, und schließlich ist auch der Spezialisierung gerade in der Maschinenbau=Industrie, die mit ihren Auf= trägen ganz und gar vom Gange der verwendenden In= dustrien abhängt, eine ziemlich frühe Grenze dadurch gesetzt, daß das einzelne Werk mit seiner Rentabilität nicht gut auf einen einzigen Zweig des Wirtschaftslebens gestützt werden kann: die Möglichkeit, beim Darniederliegen der Eisenindustrie doch noch Lokomotiven oder Maschinen anderer Industrie= zweige liefern zu können, wird bei uns auf alle absehbare Zeit für den Aufbau der Maschinenfabriken eine beträchtliche Rolle spielen. Es ist eine Parallelerscheinung zu der „hori=

zontalen" Kombination, wie wir sie aus der Schwerindustrie in recht großem Umfange schon kennen.

Auch an Anreiz zu „vertikaler" Betriebsvereinigung fehlt es keineswegs. Schon die technisch=qualitative Rücksicht muß in einem Industriezweige stark sich geltend machen, der so intensiv auf Qualität seiner Leistungen zu halten hat und deshalb in der Beschaffung der Verarbeitungsmaterialien besonders vorsichtig sein muß. Dazu verbraucht er in seinen gewaltigen Kraftmaschinen viel Kohle und in seinen Fabrikaten viel Eisenmassengut, ist also in seiner Rentabilität sehr stark von der Preispolitik der Rohstoffverbände und der darauf gesetzten Halbfabrikat=Syndikate abhängig. Der ganzen Art nach kommen also alle jene Mächte auch hier zutage, die in der Schwerindustrie tätig sind. Und doch sind mir nur drei Maschinen=, und zwar Lokomotiv=Fabriken bekannt geworden, die ihre Unternehmung bis in die schwere Eisen= und selbst Kohlenindustrie erstreckt haben; als Regel muß jedenfalls angenommen werden, daß die einzelnen Maschinenfabriken auch bei hoher Kapitalkraft in der Sphäre des Maschinenbaus verbleiben, sich nicht mit andersartigen Aufgaben belasten.

Dies Verhältnis gibt den Schlüssel zum Verständnis der Gesamtorganisation. Es ist nämlich nicht zulässig, das Fehlen der vertikalen Kombinationen auf die quantitative Unstimmig= keit der verschiedenen Betriebe als letzten Grund zurückzu= führen. Gewiß verbraucht ein Unternehmen der Maschinenbau= Industrie heutzutage nicht leicht die ganze Produktion einer Kohlenzeche, und auch ein modernes Walzwerk liefert mehr Bleche, als eine Maschinenfabrik verarbeitet. Aber auch in der Eisenindustrie hat die Leistungsfähigkeit der Walzwerke erst auf die Hochöfen= und Stahlwerksproduktion abgepaßt werden müssen, und keines der gemischten Werke hat sich gescheut, zur Erzielung der Mengenübereinstimmung die

Walzenstraßen zu häufen, sogar qualitativ verschiedene Walz=
prozesse nebeneinander zu legen. Das hätte doch auch in der
Maschinenbau=Industrie geschehen können, wenn wirklich nur
die Quantitäten dem Vereinigunsgstreben im Wege ständen,
wie gerade jene Ausnahmen beweisen.

Das wird auch nicht durch die Art des Absatzes etwa
verhindert. Denn allerdings bietet Deutschland selbst seinen
Maschinenfabriken nicht annähernd einen Konsumbereich von
der geschlossenen Gleichmäßigkeit Nordamerikas dar, und es
besteht auch die Tatsache, daß jeder Industriebezirk Deutsch=
lands seine eigene, ihm angepaßte Maschinenbau=Industrie
besitzt. Aber damit ist keineswegs ausgeschlossen, daß die
Unternehmungen des einen Bezirks mit ihren Offerten auch
in andere Gebiete hinübergreifen. Die deutsche Maschinenbau=
Industrie ist vielmehr eine ausgeprägte Exportindustrie bereits
geworden, hat also verstanden, die Engheit des nationalen
Absatzbereichs zu durchbrechen. Als entscheidend kann deshalb
auch diese Schwierigkeit nicht anerkannt werden: der Gesamt=
absatz ist groß genug, daß ganz große Werke auf ihn sich
einrichten könnten.

Der Unterschied zwischen Maschinenfabrik und Kohlen=
zeche oder Eisenwerk ist jedoch nicht eigentlich quantitativ; er
liegt vielmehr im Wesen, in der inneren Art der Betriebs=
führung. Kohlen= und Eisengewinnung gehören ausgeprägt
der Massenproduktion: die Beschaffenheit des einzelnen Pro=
dukts ist zwar nicht etwa gleichgültig — eine solche Annahme
wird allein schon durch das regelmäßige Analysieren wider=
legt; sie hängt jedoch von Elementen ab, die für eine große
Anzahl einzelner Fabrikationsprozesse von vornherein ein=
heitlich eingestellt werden können, und das Ganze läßt sich
deshalb technisch schematisieren. Der Maschinenbau dagegen
trägt ganz und gar den Charakter der individualisierenden
Industrie: jedes Stück wird nach Zeichnung angefertigt, erst

eine große Anzahl aufs subtilste ausgeführter Einzelstücke ergibt das fertige Produkt, und ein großer Teil der Gesamt= arbeit spielt sich deshalb im Zeichensaal und im Konstruktions= bureau ab, wo immer nur für eine relativ kleine Anzahl von einzelnen Produktionen die Vorbereitungen getroffen werden können. In der Massenindustrie wird allenfalls am technischen Apparat etwas geändert, wenn einmal eine neue Erfindung gemacht ist; der Produktionsvorgang selbst läuft lange Zeit unverändert fort und das Bestreben, den Walzen= wechsel möglichst einzuschränken, zeigt deutlich, wie großer Wert in der Massenfabrikation auf diese Gleichmäßigkeit des Arbeitens gelegt wird. In der Maschinenbau=Industrie je= doch müssen für jeden Auftrag besondere Anordnungen ge= troffen werden, zumal in den ganz großen Maschinenfabriken, die sich auf die Herstellung von Gesamtanlagen oder von Kraftmaschinen geworfen haben; denn da heißt es, sich dem besonderen Kraftbedarf oder auch einer gegebenen Kraftquelle in jedem Einzelfall anzupassen, da ist die geforderte Leistungs= fähigkeit der Gesamtanlage bald hoch und bald niedrig, da sind Geländeverhältnisse zu berücksichtigen, und was der ewig wechselnden Momente mehr sind.

Und damit ist das Trennende berührt: Betriebe der Massenfabrikation und Betriebe der Individualarbeit ergeben kein Einheitsunternehmen, auch wenn die quantitativen Unter= schiede rein technisch=betrieblich sich vielleicht ausgleichen lassen. Denn dort hat der Leiter um den einzelnen Produktions= vorgang sich so gut wie garnicht zu kümmern; er gibt die allgemeine Direktive und sorgt im ganzen für ein richtiges Zusammenarbeiten der verschiedenen Betriebe seiner Unter= nehmung, hält aber vor allem seinen Blick nach außen ge= richtet, von woher der Weltmarkt ihm die wechselnde Auf= gabe stellt. Im Maschinenbau dagegen muß der Leiter jedem Auftrag seine volle Aufmerksamkeit widmen; er hat Sorge

zu tragen, daß den Offerten bei guter Arbeit doch die niedrigst
möglichen Preisforderungen eingefügt werden, um die großen
Submissionen seinem Werk zu sichern; auf ihm liegt, daß
die Ausführung dann den ganz speziellen Bedingungen an=
gepaßt werde und in der Qualität den technischen Ruf der
Fabrik bewähre. Ganz anders oft, als der Leiter eines
masseninduſtriellen Werks, muß er in den Werkstätten das
Arbeiten beobachten und kontrollieren. Sein Blick ist stark
nach innen gerichtet und auch nach außen anders als bei
jenem eingestellt, da nicht das Allgemeine des Weltmarkts,
sondern das ganz Konkrete der besonderen Aufgabe vor ihm
steht. Beides zu vereinen, ist dem Menschen aber nicht möglich.
Am Persönlichkeitsfaktor scheitern daher die Versuche, die Orga=
nisationstendenzen der Masseninduſtrie auf den Maschinen=
bau zu übertragen; von ihm wird die Grenze der Entwick=
lung bestimmt, den Sachbestrebungen das Maß gesetzt[1]. —

Als Gegenprobe mag wieder der Gewerbezweig kurz be=
rührt werden, der durch die Gewinnungsart seiner Rohstoffe
und durch die starke Betonung des umlaufenden Kapitals
sich in seinen Grundlagen beträchtlich von der Schwer= und
auch von der Maschinenbau=Induſtrie entfernt: die Textil=
induſtrie[2].

---

[1] Am markanteſten tritt dieser Zusammenhang vielleicht im Aufbau
des größten Trusts der deutschen Maschinenbau=Induſtrie zutage, bei der
Berlin=Anhaltiſchen Maschinenbau=Aktiengeſellſchaft. Da iſt den einzelnen
Betrieben in der Technik faſt völlige Freiheit gelaſſen, und auch das Be=
ſorgen von Aufträgen iſt Sache der „Generaldirektoren" der einzelnen Werke.
Von der Zentrale her wird nur dafür geſorgt, daß die Glieder ſich nicht
gegenſeitig Konkurrenz machen, und daß der einzelne Auftrag von dem
Werk ausgeführt wird, das in der Fracht am günſtigſten ſteht; zwiſchen
benachbarten Werken wird auf Produktionsteilung hingearbeitet. Die kauf=
männiſch=finanziellen Aufgaben nur ſind alſo zentraliſiert; das Techniſche
iſt ſelbſtändig dezentraliſiert geblieben.

[2] Vgl. auch Kuntze, Die Wollinduſtrie, und Potthoff, Die Leinen=
induſtrie, in den Veröffentlichungen des Vereins für Sozialpolitik, Band 105
(Leipzig 1903, Duncker & Humblot).

Deren einzelne Zweige sind voneinander in der Organi=
sation verschieden je nach dem Rohstoff, der in dem einen
oder anderen Werk verarbeitet wird, und je nach dem Fabrika=
tionsstadium, in dem der Stoff sich befindet. So wird die
Baumwoll= und die Jute=Industrie in Spinnerei und Weberei
schon fast ganz von der Form der Aktiengesellschaft beherrscht,
während die Appretur noch durchaus in Privatbetrieben, zum
Teil sogar in kleinen Lohnbetrieben vor sich geht. In der
Verarbeitung der Wolle macht die Aktiengesellschaft schon bei
der Spinnerei halt, und bei der Wollkämmerei finden wir
gar die eigentümliche Form der Lohnfabrik großen Stils.
In der Leinen=Industrie endlich überwiegt auf allen Stufen
der Privatbetrieb; doch ist die Spinnerei schon der Aktien=
gesellschaft geöffnet, während diese in der Weberei noch fast
gar keinen Anklang gefunden hat. Die Hanfverarbeitung
steht der Jute=Industrie nahe, aber mit stärkerer Betonung
der Privatbetriebe.

Da ist kein Zweifel, daß zunächst die Art des Rohstoffs
die Unternehmungsform maßgeblich bestimmt. Steht er in
beliebiger Menge regelmäßig zur Verfügung und macht seine
maschinelle Bearbeitung keine technischen Schwierigkeiten, wie
es bei Baumwolle, Jute, Wolle der Fall ist, so wird wenigstens
für das erste Stadium, die Spinnerei, zumeist die Aktiengesell=
schaft als die Form vorgezogen, in welcher der Großbetrieb
am leichtesten sich entfalten kann; es sei daran erinnert, daß
auch in England das größte Textilunternehmen eine Baum=
wollspinnerei ist. Hanf ist schon sorgfältiger zu behandeln
und läßt deshalb den altbestehenden Privatbetrieben noch
Raum neben den Aktiengesellschaften. Vollends verhält sich
der Flachs noch immer gegen die Maschine einigermaßen
spröde; seine Verarbeitung erfolgt daher überwiegend in
kleineren Werken, die der Aktienform abhold sind. Das Ganze
ein Beweis, daß das persönliche Interesse des selbst besitzenden

Betriebsleiters in demselben Augenblick einen entscheidenden Einfluß auf die Unternehmungsorganisation ausübt, in dem der Fabrikationsprozeß mit einer Sorgfalt gehandhabt werden muß, die ihn aus der Technik der eigentlichen Massenindustrie heraushebt [1].

Bei der Weberei tritt das noch deutlicher hervor. Da spielt die Aktiengesellschaft in der Baumwoll= und Jute=Industrie eine schlechthin führende Rolle; d. h. in den Betrieben, deren Gewebe einem breiten, im Geschmack wenig oder — bei der Jute — garnicht differenzierten Massenkonsum zu=geführt werden. Da ist nicht nur die Menge der einheitlich hergestellten Ware auf den Großbetrieb zugeschnitten; da ist auch auf ihre Beschaffenheit, auf etwa wechselnde Muster so wenig individuelle Aufmerksamkeit zu verwenden, daß der Umfang des einzelnen Werks so gut wie ausschließlich von den Sachfaktoren, der Absatzmöglichkeit — der Möglichkeit der Arbeiterbeschaffung — dem rentabelsten Verhältnis der Ma=schinenausnutzung, bestimmt wird. In der Baumwoll= und Jute=Industrie findet sich daher auch recht häufig schon die Vereinigung von Spinnerei und Weberei in einer Unter=nehmung; beides ist Massenfabrikation und deshalb der Menge und vor allem der Art nach aufeinander abzustimmen.

Den Gegenpol bildet die Leinenweberei. Deren Erzeugnis ist bekanntlich Luxusware noch immer geblieben und muß deshalb dem differenzierten Geschmack der wohlhabenden Be=völkerungsschichten angepaßt werden. Auch ist mit den Mustern häufig zu wechseln, um in dem verhältnismäßig engen Konsu=mentenkreis immer wieder den Wunsch nach Neuem zu wecken. Deshalb spielt hier das Individualisieren des Fabrikations=prozesses die entscheidende Rolle und die Persönlichkeit des Leiters tritt in den Vordergrund: die Aktiengesellschaft und

---

[1] In der Reichsstatistik über die Aktiengesellschaften sind leider Spinnerei und Weberei nicht voneinander getrennt worden.

die Vereinigung von Weberei und Spinnerei bilden seltene Ausnahmen [1].

Am markantesten aber tritt die Bedeutung des Persönlichkeitsfaktors wohl in der eigentümlichen Verfassung der Lohnkämmereien und der Lohnappreturfabriken in die Erscheinung. Im allgemeinen nämlich ist unsere Textilindustrie keineswegs, wie etwa die englische, mit ihren verschiedenen Fabrikationsstadien so aneinander gereiht, daß ein kapital- und initiativkräftiger Handel das Ganze organisatorisch zusammenfaßt, als Verleger seinen Hausindustriellen gegenübersteht [2]. Die ausnahmslos geltende Regel ist bei uns vielmehr, daß jede Fabrik ihre Verarbeitungsmaterialien selbst kauft und die Produkte wieder verkauft; jedes Unternehmen trägt außer dem technischen auch das Risiko des Preisganges und muß in seiner Kapitalbemessung auf die Notwendigkeit des Rohstoffeinkaufs von vornherein abgestellt sein — daher ja die Größe des umlaufenden Kapitals. Nur in der Wollkämmerei und in der Appretur aller Textilzweige ist es anders: da arbeitet die Fabrik regelmäßig in Auftrag und Lohn eines anderen Unternehmens anderer Fabrikationsstufe; sie kauft also nicht den Stoff, an dem sie den technischen Prozeß des Kämmens oder des Färbens oder Mercerisierens vornehmen will, und verkauft nicht die von ihr hergestellte Ware, sondern bleibt ganz außerhalb des Preisrisikos und hat auch nur verhältnismäßig kleine Betriebskapitalien vorrätig zu halten.

Warum diese merkwürdige Abweichung vom Gewohnten? Nicht etwa deshalb, weil bei uns wenigstens in diesem Stadium der Handel als Beherrscher des Ganges von der Produktion zur Konsumtion sich maßgeblich vorschiebt; davon ist auch

---

[1] Potthoff, a. a. O.: Die große Fülle und Verschiedenartigkeit der Erzeugnisse scheint dem Ausschalten des individuellen Faktors in der Leinenweberei noch dauernden Widerstand entgegenzusetzen.

[2] Jaffé, Die englische Baumwollindustrie und die Organisation des Exporthandels (in Schmollers Jahrbuch, Bd. 24).

hier keine Rede. Sondern deshalb, weil Kapitalanspruch und
Technik mit dem Persönlichkeitsfaktor in diesen Stadien in
Widerspruch stehen. Kuntze[1] weist nämlich darauf hin, daß
zur Anlage einer Wollkämmerei in rentabler Ausdehnung
ein verhältnismäßig hohes Anlagekapital erforderlich ist; nur
im Großen kann der Prozeß rationell geführt werden. Dazu
das Verarbeitungsmaterial kaufen zu müssen, würde bei dessen
Hochwertigkeit wiederum ein großes Betriebskapital nötig
machen. Beides zusammen aufzubringen, übersteigt aber
regelmäßig die Kapitalkraft einzelner Personen, würde jeden=
falls ein ganz gewaltiges Risiko auf den Besitzer legen, so
daß eine Teilung angebracht erscheint. Das ließe sich aller=
dings — so wird man Kuntze ergänzen dürfen — in der
Form der Aktiengesellschaft auch erreichen. Aber dem steht
der Umstand entgegen, daß die Wollkämmerei ausgeprägt auf
Qualitätstechnik beruht; und diese erfordert nun einmal an
der Spitze des Unternehmens einen gründlichen Kenner der
Fabrikationsvorgänge, der diese ganz auf eigene Verantwortlich=
keit leitet, für die Beobachtung des Wollmarkts aber keine
Aufmerksamkeit mehr übrig haben kann. Deshalb läßt man
dem einen Unternehmen das Risiko des Marktes und legt
auf das andere nur das der Technik. An der Grenze mensch=
licher Leistungs=, persönlicher Übersichtsfähigkeit müssen die
Organisationsbestrebungen trotz aller sachlich auf Vereinigung
drängenden Momente halt machen[2].

---

[1] a. a. O., S. 250.

[2] Die Richtigkeit dieser Begründung wird durch die Verhältnisse der
nordamerikanischen Baumwollindustrie bestätigt. Vgl. jetzt Vogelstein,
a. a. O., S. 208: „Das Problem der Betriebsorganisation, der Berücksichtigung
der allgemeinen Konjunktur tritt in den Vordergrund; Geschmacksfragen
kommen weniger in Betracht. Die Beweglichkeit, die von dem amerikanischen
Webereileiter verlangt wird, ist eine abstrakt kapitalistische. Es sind Quantitäts=
fragen, die er zu berücksichtigen hat, nicht Fragen der qualitativen Beschaffen=
heit, also die gleichen Probleme wie für die Spinnerei. Das gilt ähnlich
für den größten Teil der Färberei und — naturgemäß mit leichter Ab=

2. Ein weiterer Schritt, das Beobachtungsfeld einzuengen, führt zur Betrachtung der einzelnen Industriezweige: regional und unternehmungsweise sind die Unterschiedlichkeiten auf ihre Gründe zu prüfen. Doch wird auch hier für unseren Zweck genügen, einen Industriezweig zu berücksichtigen, bei dem unverkennbar und unbestritten die Sachelemente einen starken Druck auf die Organisationsentwicklung ausüben, da in der Feinindustrie der ausschlaggebende Einfluß der Persönlichkeit als festgestellt gelten darf.

Da fällt in der Kohlenindustrie Deutschlands gleich die große Verschiedenheit der Organisation auf, die sich die einzelnen Bezirke gegeben haben. Das Saarrevier ist bekanntlich fast ganz in der Hand des preußischen Staats konzentriert; neben ihm stehen als Bergwerksbesitzer nur noch einige Eisenhütten, die ihre Kohlenproduktion selbst verbrauchen und als Verkäufer nicht in Betracht kommen, an einem Zusammenschluß also kein Interesse haben. Das Aachener Becken wird ganz überragend vom Eschweiler Bergwerksverein ausgebeutet; was neben diesem dort noch selbständig steht, ist ganz unbedeutend und ebenfalls, wie an der Saar, zumeist mit Verbraucherwerken aufs engste verbunden. Die Kohlenkonvention Oberschlesiens dagegen besteht aus einer Reihe ebenbürtiger Mitglieder, hat sich aber bis zum heutigen Tage mit einer ganz losen Form der Vereinigung begnügt, die nur Mindestpreise für den Fernabsatz feststellt und den alten Handelsfirmen noch immer die Organisation dieses Absatzes überläßt. Das Ruhrkohlensyndikat endlich setzt sich aus einer großen Anzahl von Zechen ganz verschiedener Leistungskraft zusammen und ist immer straffer organisiert worden, so daß es heute — nach dem „neuen" Vertrage von 1903 — die gesamte Verkaufsorganisation seiner Mitglieder selbst umfaßt und mit abso-

schwächung — von der Druckerei. So bildet die voll integrierte Unternehmung (das gemischte Werk) noch heute den herrschenden Typ."

luter Maßgeblichkeit für jede Zeche die Größe der Verkaufs=
produktion bestimmt; sogar der Nahabsatz, sofern er nicht in
den Formen des Kleinverkehrs („Landdebit") sich abspielt,
wird vom Syndikat geregelt.

Das Saarrevier fällt für unsere Betrachtung aus. Denn
dort ist der heutige Unternehmungsaufbau von außen her
zur Entwicklung gebracht worden: durch die Verwaltungs=
maximen der früheren Regalherren und die Gesetzgebung
Frankreichs, die Preußen als feststehendes Erbe beim Erwerb
seiner Südwestecke übernommen hat. Daraus läßt sich für die
Wertung der sachlichen und persönlichen Elemente ebensowenig
etwas ableiten, wie etwa aus der Verstaatlichung der deutschen
Eisenbahnsysteme Rückschlüsse auf die Konzentrationstendenzen
dieses Gewerbezweiges gezogen werden dürfen. Beides mag
mit allgemeinen Organisationsströmungen in Einklang stehen;
eine organische Fortentwicklung der im Gewerbe selbst tätigen
Kräfte kann aber das Eingreifen des Gesetzgebers nicht genannt
werden, und nur diese kommt für unsere Zwecke in Betracht.

Vom Aachener Bezirk ist schon mehr abzuleiten[1]. So
wissen wir, daß dort im ersten Viertel des vergangenen Jahr=
hunderts, auf einer Gesetzgebung der Bergbaufreiheit im
wesentlichen basiert, eine Unzahl kleiner, gewerkschaftlicher
Kohlengruben im Stollenbau betrieben worden ist. Die An=
fänge des Schachtbetriebes, die mit den Anfängen der Aachener
Großeisenindustrie zusammenfallen, bringen dann im Jahre
1835 die Gründung des Eschweiler Bergwerksvereins, der eine
Reihe kleiner Zechen in sich aufnimmt, für das Indegebiet;
ihm folgt im Jahr 1836 die „Vereinigungsgesellschaft für den
Steinkohlenbergbau im Wurmrevier", die schon in ihrem

---

[1] Eine knappe Zusammenfassung der Tatsachen gibt Heymann, Die
gemischten Werke im deutschen Großeisengewerbe (Stuttgart 1904). Vgl.
jetzt auch Stegemann, Der Eschweiler Bergwerksverein und seine Vor=
geschichte, 1784—1910 (Halle a. S., 1910).

Namen das Zusammengesetzte der Unternehmung zum Aus=
druck bringt. Beide Gesellschaften haben dann durch Abteufen
neuer Schächte, aber auch durch Auffaugen älterer Werke ihr
Arbeitsgebiet allmählich ausgedehnt und standen am Anfang
des 20. Jahrhunderts ziemlich gleichwertig nebeneinander;
die eine rund 830 000 t, die andere 950 000 t fördernd. Da
wurden sie im Jahre 1906 auch noch miteinander verschmolzen;
und die Gemeinschaft, welcher der Eschweiler Bergwerksverein
Firma und Leitung gegeben hat, hat es auf 2,3 Mill. t ge=
bracht, während die nächstgroße Gesellschaft dieses Gebiets,
der Aachener Nordstern[1], nur rund 300 000 t aufweist.

Da sind am Anfang die Sachkräfte ohne weiteres erkenn=
bar, die zum Zusammenschluß geführt haben: der moderne
Schachtbau, zu dem man durch die Zunahme des Konsums
und die entsprechenden Erfindungen der Wasserhaltungs= und
der Förderungstechnik geführt wird, macht wegen seiner höheren
Anlagekosten eine starke Vergrößerung der abzubauenden
Felder notwendig, während doch — anders als an der Ruhr —
der tatsächlich vorhandene Kohlenreichtum schon fast ganz er=
schlossen und aufgeteilt, aber keineswegs schon abgebaut war;
der Widerstand einzelner Zechen scheint zum Teil dadurch ge=
brochen worden zu sein, daß für den Tiefbau neue Konzessionen
erforderlich waren — andere wurden später durch besonders
hohe Kaufofferten willig gemacht. Für den letzten Zusammen=
schluß sind ebenfalls sachliche Gründe ins Feld geführt worden:
der Eschweiler Bergwerksverein hat die größte Gasmaschinen=
zentrale Europas und muß zu deren Speisung mit Koks=
abgasen noch Kokskohle zu seiner eigenen Produktion hinzu=
kaufen, während die Vereinigungsgesellschaft solche Kohle ver=
kaufte; dazu ist der ganze Bezirk räumlich so gedrängt, daß
von jener Zentrale aus leicht alle Betriebe mit Kraft versehen

---

[1] Nicht zu verwechseln mit dem Nordstern des Ruhrgebiets, der im
Phönix aufgegangen ist.

werden können, die Fusion also Betriebsersparnisse zu bringen
versprach; endlich war auch die Vervielfältigung der gewonnenen
Kohlensorten erwünscht, weil die Vereinigungsgesellschaft mit
ihrer Hartkohle hauptsächlich den ziemlich regelmäßigen Haus=
brandbedarf deckte, der Eschweiler Bergwerksverein aber mit
seinem Übergewicht an Fettkohle ganz und gar auf den
wechselnden Industriebedarf eingestellt war. Und persönlich
wurde die Bahn frei, als dem letzten Generaldirektor der Ver=
einigungsgesellschaft durch deren Bank ein neues, seine große
Organisationsgabe reizendes Feld an anderer Stelle auf Neu=
land bereitet wurde. Da haben auf diesem kleinen Raum in der
Tat die Sachtendenzen so gut wie vollständig sich durchgesetzt.

Die Erklärung dürfte in der Geringfügigkeit der Förderung
derung zu finden sein. Denn wenn der ganze Bezirk im
letzten Jahre (1910) nur 2,4 Millionen Tonnen produziert
hat — gegen 85 Millionen des Ruhrbezirks —, so ist für die
Entfaltung vieler kräftiger Persönlichkeiten kein Raum, und
wie früher schon die minimalen Betriebe der Vorzeit als
widerstandsunfähig sich erwiesen hatten, so mußte auch in
der Gegenwart der Aufbau der neuen lothringischen Kohlen=
industrie einem energischen Organisator als die lockendere
Aufgabe erscheinen, verglichen mit der Leitung der immerhin
kleinen Vereinigungsgesellschaft des Wurmreviers. —

In Oberschlesien ist die Grundlage der heutigen Besitz=
verteilung, wie an der Saar, in alten Regalrechten der großen
Grundherren gegeben, die zum Aufbau großer Eigenbetriebe
benutzt worden sind. Die Ausdehnung aber der Kohlen=
lagerungen und die räumlich andere Gestaltung jener Rechte
hat trotzdem eine gewisse Zersplitterung der Gesamtförderung
herbeigeführt: es sind außer dem Fiskus, der etwa ein Fünftel
der ganzen Menge produziert, doch noch 15 Kohlenproduzenten
vorhanden, die alle über beträchtliche Kohlenvorräte verfügen.
Jedoch Kohlenproduzenten eigentümlicher Gestalt.

Auf der einen Seite nämlich ist unzweifelhaft für die gemeinsame Organisation wichtig, daß von den natürlichen Verhältnissen und der Rechtslage her die sachliche Gleich= mäßigkeit der privaten Betriebe Oberschlesiens recht weit geht. Das Kohlenvorkommen ist innerhalb der deutschen Grenzen räumlich gedrängt, zeichnet sich aber — namentlich vor dem Ruhrgebiet — durch sehr gleichmäßige, flache Lagerung aus und läßt beträchtliche Abweichungen in den Betriebsgrundlagen nicht aufkommen. Das gleichräumige Vorkommen von Eisen= und Zinkerzen hat zudem die natürliche Basis für die Ver= arbeitungsindustrie geschaffen, die zumeist auch der Organisation nach direkt oder indirekt mit den Kohlenzechen verbunden ist: das gemischte Werk herrscht in Oberschlesien durchaus. Endlich hat die Rechtslage aus den Kohlenbesitzern sämtlich Groß= produzenten gemacht, die sich in der Betriebsgestaltung nahe stehen. Von den sachlichen Gegensätzen des Ruhrbezirks ist mithin wenig zu spüren; es war verhältnismäßig einfach, diese Werke zur gemeinsamen Vertretung ihrer sehr ähnlich sich aufbauenden Interessen zu vereinen.

Daß man dabei aber über alle Konjunkturenschwankungen hinweg mit der harmlosen Form der Kohlenkonvention, mit einer Vereinbarung von Mindestpreisen für den Fernabsatz, ausgekommen ist, das ist nicht sachlich zu begründen. Denn es kann doch kein Zweifel bestehen, daß trotz aller betrieblicher Gleichmäßigkeit jede einzelne Zechenverwaltung, wie in jeder Massenindustrie, so auch dort bei fallendem Konsumbedarf ein Interesse daran hat, ihre Produktionsgröße selbst auf Kosten der Preise aufrechtzuerhalten oder sogar zu erhöhen; die Gefahr der Unterbietung der vereinbarten Mindestpreise, die sonst stets nach strafferer Konzentration des Absatzes drängt, steht sachlich auch vor Oberschlesien. Und doch ist sie, wie von allen Seiten in der Kartellenquete betont wurde, noch niemals eingetreten. Da dürfte doch wohl entscheidend sein einmal die Tatsache, daß es sich nur um 15 Werke handelt, die einander die Treue halten sollen — ein persönlicher Umstand, auch wenn er auf sachliche Ursprünge zurückzuführen ist — und zum anderen die eigentümliche soziale Stellung der meisten Teilnehmer. Es sind überwiegend Angehörige des feudalen Großgrundherrntums, die da miteinander zu tun haben, — Elemente also, die in engster persönlicher Fühlung zueinander stehen und noch immer, in Deutschland wenigstens, regelmäßig nicht gewohnt sind, sich allein oder auch nur hauptsächlich von wirtschaftlichen Motiven leiten zu lassen, zumal wenn sie ihresgleichen sich gegenüber haben. Und wo es zur Gründung von Aktiengesellschaften schon gekommen ist, da greift doch der Einfluß dieser Schicht ebenfalls noch tief ein; sei es, daß es sich überhaupt nur um eine moderne Form tatsächlich feudalen Besitzes, um wenig mehr als eine Familiengesellschaft handelt, sei es, daß die Gewohnheiten des persönlichen Verkehrs auch den Nichtfeudalen etwas von jener Art aufdrücken. Jedenfalls muß jedes Mitglied der Konvention darauf gefaßt sein, daß ein etwaiges Durchbrechen der Preisabreden einen gesellschaftlichen, persönlichen Boykott sofort nach sich ziehen würde — eine Strafe also, die in solchen Kreisen sicherlich schwerer noch denn eine wirtschaftliche Schädigung empfunden wird. Es ist in der Tat, wie es Wachler in der Kartellenquete ausgedrückt hat, eine „kleine Familienvereinigung“, die wir in der Oberschlesischen Kohlenkonvention vor uns haben; in der Form locker, in der Sache dank der persönlichen Bindung umso fester.

Eben diese Feudalität des oberschlesischen Kohlenbergbaus kann auch allein die eigentümliche Stellung erklären, in welcher der Kohlenhandel zu den Zechen und ihrer Konvention steht. Das Ruhrkohlensyndikat ist in ausgesprochenem Gegensatz zu den Händlern gegründet worden und hält sie in starker Abhängigkeit, läßt sie nur mittelbar bei den Preisfestsetzungen

— 90 —

mitsprechen; es ist recht eigentlich eine Absatzgenossenschaft, die den selbständigen Handel in großem Umfang auszuschalten gewußt hat. Von der schlesischen Kohlenkonvention werden dagegen die beiden Großhandelsfirmen, die für die meisten der Produzenten den Absatz bewirken, regelmäßig mit beratender Stimme zugezogen, und keine Rede kann davon sein, daß die Handelsvermittlung, die fast ein Monopol der Firmen Friedländer und Wollheim bildet, auch nur im leisesten angetastet sei. Das ist die Reminiszenz aus jener Zeit, da der feudale Großgrundherr zwar zur eigenen Produktion sich wenden konnte, ohne an Ansehen einzubüßen, das Handeln aber — den Kampf um den Absatz und die Preise — anderen Elementen überlassen mußte, die beweglicher waren als er; der Hofjude, der Faktor, ragt da in eigentümlich modernisierter Gestalt in unsere Zeit hinein. Das kann sachlich gewiß seine Vorteile haben, ist aber doch ein auffallendes und nur aus der persönlichen Stimmung der Beteiligten zu erklärendes Vorkommnis zu einer Zeit, die sonst im Umsatz der Massenstoffe den selbständigen Handel allenthalben auszuschalten bestrebt ist. —

Da hat der Ruhrbergbau eine wesentlich andere Gestalt erhalten müssen. Auch hier hat man in den siebziger und achtziger Jahren versucht, in losen Vereinbarungen über Mindestpreise und Produktionsbeschränkungen die sachlich vielfach gegebenen Gegensätze zu überwinden, das Gemeinsame zu betonen. Aber jede leise Konjunkturschwankung hat immer wieder alle Verträge über den Haufen geworfen. Die Zahl der Produzenten war zu groß, die Fühlung unter den Beteiligten zu gering, als daß man der schlechthin bindenden Rechtsform der Gemeinsamkeit hätte entraten können, während anderseits doch, wie schon dargelegt, erst recht keine tatsächliche Möglichkeit bestand, diese große Zahl von Selbständigkeiten nach Art des Aachener Bezirks zu einem Einheitsunternehmen ganz zu verschweißen. Das Kompromiß des Syndikats ist in seiner heutigen Gestalt durchaus das den Persönlichkeiten adäquate Ergebnis.

Die Unterschiede aber, die innerhalb des Syndikats bestehen, sind ebenfalls keineswegs nur auf sachliche Differenzen zurückzuführen. Gewiß ist es in der Verschiedenheit der Lagerungsverhältnisse begründet, wenn die alten Zechen des südlichen Revierteils noch immer als kleine Unternehmungen ihr Dasein fristen, zum Teil noch als Gewerkschaften alten Rechts. Die Kohle liegt hier so dicht unter der Erdoberfläche, daß man mit verhältnismäßig kleinen und deshalb billigen Schachtbauten auskommt, die auch auf kleine Felder gestützt werden können, und anderseits verlaufen hier die Flöze so unregelmäßig, daß der Großbetrieb sich schlecht in ihnen zurechtfinden würde. Aber selbst dort ist doch vor einigen Jahren das Gesamtunternehmen der Essener Steinkohlenbergwerke durch Verschweißung mehrerer Gewerkschaften, die alle der alten Gewerkenfamilie Funcke gehören, gebildet worden, und vollends liegen im nördlichen Teil die Verhältnisse gleichmäßig genug, um eine einigermaßen gleichmäßige Organisation des Abbaus zu ermöglichen. Dennoch haben es nur vier Gesellschaften für angebracht gehalten, sich mit Hülfe örtlicher Dezentralisation weit auszudehnen, während überall sonst die lokale Konzentration als Grundlage der Unternehmungsgestaltung durchaus festgehalten worden ist. Ginge es da allenthalben nur nach sachlichen Prinzipien zu, so müßten die großen Vorteile des Großbetriebs, zumal in der Syndikatszeit, ungleich stärker zu Konsolidationen und Fusionen geführt haben, als es tatsächlich geschehen ist. Selbst im Norden und vollends in der Mitte, deren Erschließung zwischen 1850 und 1880 erfolgt ist, ist ein buntes Vielerlei ganz selbständiger Zechengesellschaften gegeben, wie die bekannte Karte, die dem großen

Sammelwerk des Bergbaulichen Vereins beigegeben ist[1],
deutlich erkennen läßt. Dicht nebeneinander, in denselben
Flözen stehend, liegen die Gruben höchst verschiedener Aus=
dehnung in argem Gewimmel.

Und endlich klaffen sogar innerhalb der größten Werke
noch so gewaltige Unterschiede grundsätzlicher Bedeutung, daß
sie ebenfalls allein aus sachlichen Verschiedenheiten nicht be=
gründet werden können. So mag es ohne weiteres begreif=
lich sein, wenn Zechen mittleren Umfangs, über denen große
Hüttenwerke sich befinden, mit diesen zu einheitlichen Unter=
nehmungen verbunden werden, wie es ganz früh schon die
Firma Krupp mit der Gewerkschaft Ver. Sälzer & Neuack
getan hat. Erst recht ist sachlich zu verstehen, daß unter der
Herrschaft des neuen Syndikatsvertrages sogar große Zechen
von einem gleichen Fusionierungsprozeß ergriffen worden
sind; das bekannteste und größte Beispiel bildet der Aufkauf
der viertgrößten Kohlengesellschaft des Bezirks, des Nordstern,
durch das Eisenwerk Phönix, nachdem dieser durch die Ver=
schmelzung mit dem Hörder Verein, einem anderen Eisenwerk,
seinen Kohlenkonsum über die Produktionskraft seiner alten
Zechen weit hinaus gesteigert hatte. Aber schon die andere
Fusion eines Kohlenriesen mit Unternehmungen der Eisen=
industrie, die Bildung des Gelsenkirchener Konzerns, gibt
ein sachlich nicht zu lösendes Rätsel auf, und erst recht bleibt
bei rein sachlicher Behandlung die Frage offen, warum denn
die beiden anderen Riesen, Hibernia und Harpen, für diesen
Prozeß so gar nicht zu haben sind.

Als nämlich die Gelsenkirchener Bergwerksgesellschaft, die
größte aller Ruhrkohlen-Unternehmungen, mit dem Schalker
Gruben= und Hütten-Aktienverein verschmolzen wurde, kamen

---

[1] Wirtschaftliche Entwicklung des niederrheinisch=westfälischen Stein=
kohlenbergbaus in der zweiten Hälfte des 19. Jahrhunderts, Band I
(Berlin 1904).

gewiß für die Vereinigung alle jene Verhältnisse zur Geltung,
die das gemischte Werk vor den reinen Zechen bevorzugen, und
verstärkend hat auch noch ein spezielles, ebenfalls sachliches
Moment mitgewirkt: der langwierige Bergschadenprozeß, in
dem die beiden Werke miteinander lagen, und der nun weg=
fiel. Aber der eine Grund, der in der Syndikatszeit sonst
stets die Hauptrolle spielt, wurde nicht angeführt: die Vor=
teile der Hüttenzeche nach Syndikatsrecht für die Gelsen=
kirchener Gesellschaft zu erlangen. Rein sachlich hätte er nicht
zu fehlen brauchen; denn wenn der Schalker Verein, der
schon eine Zeche besaß, dem Ganzen die Firma gegeben hätte,
dann wäre auch Gelsenkirchen in diese bevorzugte Stellung
gerückt, und enorme Ersparnis an Syndikatsabgaben nicht
nur, sondern vor allem eine sehr viel größere Bewegungs=
freiheit wären für das Ganze gewonnen worden. Daher ist
es ja auch kein Geheimnis, daß der Vater des Fusions=
gedankens, Thyssen, der vorher der Beherrscher des Schalker
Vereins gewesen war, am liebsten in dieser Form den Ehe=
pakt geschlossen hätte. Jedoch die Gelsenkirchener Bergwerks=
gesellschaft ist das Lebenswerk von E. Kirdorf, und dieser
ließ sich auf eine Vernichtung der von ihm groß gemachten
Firma um so weniger ein, als die Herauslösung dieser Ge=
sellschaft aus dem Syndikat dessen Bestand von Grund aus
erschüttert hätte — das Syndikat aber ist ebenfalls durch
Kirdorfs Organisationsgabe hauptsächlich zustande gebracht
und zusammengehalten. Da hat die Persönlichkeit über den
reinen Geschäftsmann gesiegt.

Immerhin, hier ist es doch zur Verschmelzung gekommen;
Hibernia und Harpen indes stehen noch immer, ebenso wie
viele kleinere Bergwerksgesellschaften, als reine Kohlenzechen
im Syndikat und tragen die damit verbundenen schweren
Lasten. Daß für sie alle keine kauflustigen Großkonsumenten
vorhanden seien, ist ausgeschlossen; es sei nur daran erinnert,

wieviel umworben die jetzt neu im Abteufen befindlichen
Zechen des Nordens und Ostens sind, und Millionenwerte
bilden bekanntlich längst kein Hindernis mehr für sachlich
zweckmäßige Übertragungen. Daß die Zechen von sich aus
für organisatorische Aufgaben großen Stils etwa nicht ge=
eignet seien, ist ebenfalls nicht anzunehmen; hat doch die
Harpener Gesellschaft mit ihren Kohlenbetrieben eine der
größten Rheinreedereien, die Firma Kannegießer, verbunden
und Verarbeitungswerke, Brikettfabriken, bis nach Mannheim
hin sich angegliedert. Eben damit haben wir jedoch die Er=
klärung: die leitenden Persönlichkeiten wollen bewußt aus
der Sphäre des eigentlichen Kohlengeschäfts nicht heraus;
sie fürchten, daß trotz aller rechnerischen Vorteile des Augen=
blicks bei den riesigen Dimensionen ihrer Produktion das
Inkongruente der Kohlen= und der Eisenindustrie, die Un=
möglichkeit einer einheitlichen und überall voll sachverständigen
Leitung sich an den beteiligten Werken doch bitter rächen
werde; die Idee, den eigenen Kohlenverbrauch auch nur
einigermaßen dem Umfang ihrer gewaltigen Produktion an=
zupassen, ist ihnen geradezu Größenwahn. Und ihre Auf=
fassung gibt dem Werke selbst die Richtung; denn sie sind
zum Teil in die leitende Stellung schon hineingeboren und
so mit der Unternehmung verwachsen, für deren Gedeihen
persönlich bedeutsam, daß fremden Organisatoren ein Ver=
drängen dieser selbstherrlichen Persönlichkeiten ebenso wenig
möglich ist, wie es bei Gelsenkirchen sich hat machen lassen.
Trotz der Form der Aktiengesellschaft — sogar der öffentlichen,
an den Markt appellierenden Gesellschaft — ist der Wille
der Leiter hier stark genug, sich sogar im Gegensatz zu all=
gemeinen Strömungen zu halten, der Entwicklung „ihres“
Werks die persönliche Note aufzudrücken. —

Es sind auch nicht etwa Ausnahmeerscheinungen, die wir
da unter den Kohlenherren des Ruhrbergbaus vor uns haben.

In Hamburgs Schiffahrtskreisen z. B., um ein ganz
anders gelagertes Gewerbegebiet anzuführen, ist man keineswegs allgemein der Meinung, daß die Organisation der
Hamburg-Amerika-Linie, ihre räumliche Vielseitigkeit, wirklich einem dauernden Gedeihen die Wege ebene, wie es doch
B a l l i n aus dem Ausgleich der geographischen Fracht-
schwankungen ableiten zu dürfen glaubt. Sehr weit ver-
breitet ist die gegenteilige Ansicht, daß im Endergebnis doch
die Spezialisierung des Betriebes, trotzdem sie ihn den Zufälligkeiten bestimmter Erdgebiete aussetze, durch die Möglichkeit tieferen Eindringens, besseren Anpassens besser abschneiden
werde. Und die zahlreichen Schiffahrtunternehmungen Hamburgs, die nur je ein Gebiet in so spezialisierender Weise
bearbeiten, sind ein Zeugnis, daß diese Auffassung ebenfalls
sich durchsetzt, Tatsächlichkeit bekommen und behalten hat.

In der Elektrizitätsindustrie ferner, die mit ihren großen
Kapitalien doch sicher stark unter dem Einfluß der Sachelemente steht, bilden die verschiedenen Konzerne ganz fest
umrissene Individualitäten, die ihnen von den Gründern
der ursprünglichen Werke schon gegeben sind. So weht in
Siemens & Halske noch immer „der vornehme Geist des
Aristokraten der Elektrotechnik, der alte Traditionen pflegt
und sich nur zögernd Neuerungen in den wirtschaftlichen
Organisationen geneigt zeigt" — um die Worte eines Schrift-
stellers zu gebrauchen, der offenbar recht tief in die Verhältnisse eingedrungen ist[1] und dieses Urteil für die Zeit fällt,
nachdem Siemens & Halske schon zur Form der Aktiengesellschaft übergegangen waren. Die Allgemeine Elektrizitäts-
gesellschaft dagegen hat gerade organisatorisch bahnbrechend
gewirkt: sie ist zuerst dazu übergegangen, zur Förderung
ihrer Fabrikation von sich aus Betriebsgesellschaften zu er-

[1] Löwe, Die Elektrizitätsindustrie in der Krisis von 1910 (Schriften
des Vereins für Sozialpolitik, Bd. 107).

richten und zu finanzieren, und vom „System Rathenau“ spricht man noch immer als von einer eigentümlichen Mischung von Fabrikations= und Kapitalmarkt=Tätigkeit. Die Union endlich hat dieses letztere Element noch mehr betont: „System Loewe“ war es, von bestehenden Pferdebahnen die Aktien= mehrheit zusammenzukaufen und dann, darauf gestützt, die Einführung des elektrischen Betriebes beschließen zu lassen, wobei natürlich mit der Ausführung des Beschlusses die Union betraut wurde. Diese und die A.E.G. standen sich also ihrer Art nach ziemlich nahe; daher konnte es zwischen ihnen zu der Fusion kommen, die bei Siemens & Halske am Widerspruch der Techniker gescheitert war. Ebenfalls ganz überwiegend technisch war dagegen das Schuckertwerk gerichtet; die Siemens=Schuckert=Werke sind der äußerste Aus= druck dieser gleichen Zielsetzung.

Und endlich ganz allgemein. Wie will man wohl die großen Unterschiede erklären, die in der Dividendenpolitik der verschiedenen Aktiengesellschaften unverkennbar zutage treten? Da stehen auf der einen Seite Unternehmungen, offensichtlich bestrebt, durch vorsichtiges Ansammeln großer Reserven allmählich zu einer gewissen Gleichmäßigkeit ihrer Dividenden zu gelangen; und auf der anderen Seite Gesell= schaften, die bei günstiger Konjunktur bis aufs letzte den Gewinn ausschütten, um dann trotz langen Bestandes beim Umschlag der Entwicklung tief herunter mit der Dividende zu gehen. Das kann doch nur auf die verschiedene Auffassung zurückgeführt werden, welche die leitenden Personen von einer angemessenen Dividendenpolitik haben. Dort steht das Be= streben im Vordergrund, mit der Gewinnverteilung auch die Kurse der Aktien zu stabilieren; diese sollen mehr den Charakter von Anlagepapieren erhalten, der Börsenspekulation entzogen werden, und das ganze Unternehmen soll damit — das ist das Wichtigste — einigermaßen unabhängig von den Banken bleiben, weil man auch für Neuemissionen auf ein ziemlich festes Abnehmerpublikum rechnen kann. Im anderen Fall dagegen, sofern es sich nicht um die Anfangszeiten eines Werks handelt, spricht aus den starken Schwankungen der Dividenden regelmäßig ein starker Einfluß der Börsenbankiers, denen gerade an Kursoszillationen gelegen sein muß, weil sie hieraus für sich und ihre Kunden Gewinn ziehen und durch das Hin und Her des Kaufens und Verkaufens Provisionen erwerben, nicht aber aus einer gleichmäßigen Dividende eine Art fester und dann natürlich, gemessen am Kurswert, niedriger Verzinsung genießen wollen. Das sind Auffassungen, über deren Berechtigung oder Ungesundheit man natürlich streiten kann, die aber jedenfalls den Einfluß der Persönlichkeiten ganz unmittelbar in die Außenwelt tragen.

VII. Die Steigerung in der Bedeutung der Unternehmer-Persönlichkeit.

One man's theory ist also nicht überwundener Standpunkt, sondern noch immer und erst recht aller Organisationsweisheit letzter Schluß. So hart die Tatsachen der sachlichen Entwicklungsvorgänge in den Werdegang des Wirtschaftslebens eingreifen, so sicher sie die Richtung im wesentlichen bestimmen — als ganz selbständiger Faktor, der ihnen nicht nur (was selbstverständlich) Leben verleiht, der vielmehr Maß und Umfang ihres Wirkens aus sich heraus bestimmt und vielfach in direktem Gegensatz zu ihnen sich betätigt, tritt aus der Gestaltung der Unternehmungen die Persönlichkeit des Unternehmers hervor: die letzte Instanz gleichsam, von deren Spruch abhängt, ob und wieweit die Ansprüche der Sachlichkeiten zur Erfüllung kommen — dem Bildhauer

gleich, der ja auch von seinem Material abhängt und eine
Bronzestatue nicht wie ein Marmorbildnis zu fertigen ver=
mag, beides aber doch als das Ergebnis der freien künstleri=
schen Tat vor uns hinstellt. „Das" Kapital hat „den"
Unternehmer nicht erdrückt, ist vielmehr neben ihn getreten,
um für größere Aufgaben die materielle Grundlage zu bilden;
und nicht ein Verblassen, eine Steigerung der Persönlichkeits=
macht ist das Ergebnis.

1. So sind die ersten Schritte, die man aus dem Bereich
des traditionalistischen Handwerkertums heraus in die Welt
des bewußt gestaltenden, nach dem Unbekannten des Marktes
sich richtenden Unternehmertums getan hat, allenthalben mit
äußerster Vorsicht nur unternommen worden. Wie charakte=
ristisch, daß für die Anfänge bekanntlich das Verlagssystem
mit seiner Betonung des umlaufenden Kapitals und seiner
dadurch gegebenen Beweglichkeit als die herrschende Form
der Marktunternehmung zu bezeichnen ist, während stehende
Produktionsmittel allgemein von den Körperschaften des
öffentlichen Rechts — Staat, Kommunen, Zweckverbänden —
zur Verfügung gestellt werden mußten. Da war es schon
ein Fortschritt, wenn in den zwanziger und dreißiger Jahren
des vergangenen Jahrhunderts Preußen auf breiterer Linie
dazu übergehen konnte, die Beschaffung der neu aufkommenden
Kraft= und Arbeitsmaschinen nicht mehr selbst in vollem Um=
fang zu besorgen, sondern sich auf Prämien zu beschränken,
welche der Initiative der Privaten nur ganz geringe Fesseln
anlegten, das Unternehmerhafte also schärfer heraustreten
ließen. Aber ganz ist die Bahn für die Gestaltungskraft
wirtschaftlicher Persönlichkeiten doch erst frei geworden, als
von den dreißiger Jahren an für Eisenbahnen (Preußen 1838)
und allgemein von den vierziger Jahren an (Preußen 1842)
die Gründung von Aktiengesellschaften ermöglicht wurde.
Denn erst dadurch wurde der einzelne Unternehmer von der

Basis seines eigenen Kapitalbesitzes gelöst. Auf die breiten
Schultern der großen Masse auch kleinerer Kapitalisten ließ
sich die Aufgabe der Kapitalbeschaffung überwälzen, und die
schwere Sorge des Einzelnen, bei etwaigem Fehlschlag seiner
Unternehmung völlig in der Existenz gebrochen zu werden,
verlor ihr initiativfeindliches Schwergewicht, als der Unter=
nehmer sein Kapital vielseitig anlegen konnte, weil für sein
Unternehmen von fremder Seite her ihm Kapital zufloß.

Und auch dies zu handhaben, wollte erst gelernt sein.
So sind im Deutschland der fünfziger Jahre die ersten
Aktiengesellschaften der rheinisch=westfälischen Kohlen= und
Eisenindustrie mit einem Kapital gegründet worden, das
nur ganz selten den Betrag von einer Million Taler über=
stieg, und zwei Millionen war das Allerhöchste, was man
sich einheitlich zu verwalten getraute. Selbst Eisenbahnen,
die doch ganz schematisch von Anfang an behandelt wurden
und kaum mit starken Konjunkturschwankungen rechneten,
hat man lieber in mehrere, formal und betrieblich selbständige
Teile zerlegt, als daß man für die Durchführung einer wirt=
schaftlich einheitlichen Aufgabe gleich zu Anfang in ein
Unternehmen die gewaltigen Kapitalien steckte, wie sie zum
Bau und Betriebe der großen Durchgangslinien erforderlich
sind; für die Köln=Mindener Bahn, die seinerzeit bei weitem
größte Einheitsstrecke Deutschlands, wurde eben der Größe
wegen die Hülfe des Staats noch für völlig unentbehrlich
gehalten.

Mit den höheren Zwecken wuchs dann der Mensch; man
lernte Größeres organisieren. Als durch das Aktiengesetz
von 1870 die Bahn für Kapitalienzusammenballungen ganz
frei gegeben wurde, da vervielfachte sich das Kapital der
größten Unternehmungen: aus den 2 Millionen Talern der
fünfziger Jahre wurden die 18 Millionen Mark, mit denen
die Hibernia, und die 13 Millionen, mit denen die Gelsen=

7*

kirchener Bergwerksgesellschaft ihre alte Gewerkschaftsform ab=
streiften, zur Aktiengesellschaft sich wandelten. Auch ging man
damals schon dazu über, diese Rechtsform auf kleinere Werke
auszudehnen, die man vorher noch dem rein persönlichen
Unternehmen völlig überlassen hatte, so daß auch eine Ver=
breiterung der Organisationsgrundlagen eintrat. Und doch
konnte ein Strousberg damals mit Plänen scheitern, die
uns Heutigen fast als geringfügig erscheinen, die aber in den
siebziger Jahren noch auf gänzliche Verständnislosigkeit stießen
und deshalb am Mangel von Kapitalienzufluß zusammen=
brachen; man war selbst in Bankenkreisen noch so wenig in
die eigentliche Aufgabe der Aktiengesellschaft eingedrungen,
daß dem großen Gründer — neben wohl berechtigten Vor=
würfen — allen Ernstes auch der gemacht wurde, seine Ab=
sichten und tatsächlich angefangenen Unternehmungen ständen
in argem Mißverhältnis zu seinen eigenen Mitteln. Als ob
auf die Größe des eigenen Kapitals beim modernen Unter=
nehmer etwas ankäme! Aber das Gefühl, bei industriellen
Werken, die doch auf Konjunkturschwankungen sich einzurichten
haben, müsse Unternehmer= und Kapitalistenfunktion in be=
trächtlichem Umfang sich decken, ist als Unterströmung in
der ganzen Behandlung der Krisis von 1873 noch deutlich
zu erkennen.

Die achtziger Jahre bringen neuen Fortschritt. Es ist
die Zeit, in der einige Gesellschaften des Ruhrbezirks sich
auf ihren Syndikatsberuf vorbereiten: Gelsenkirchen langt
bei 44 Millionen Mark Arbeitskapital im Jahre 1890 an,
Hibernia bei 32, Harpen gar bei 51 Millionen. Auch in
der Eisenindustrie sind schon einige gemischte Werke großen
Umfangs entstanden — eine der Strousbergschen Ideen.
Die Aktiengesellschaft ist schon stark zur Trägerin der Organi=
sationstendenzen geworden, und deutlich tritt die Verselb=
ständigung der Unternehmerfunktion in die Erscheinung. Aber

ein Schmoller warnt auch: die Entwicklung der einzelnen Unternehmungen sei der Übergröße nahe[1].

Und doch wurde auch dieser Stand der Entwicklung bekanntlich tief in den Schatten gestellt durch das, was in den letzten 15 Jahren aufgebaut worden ist. Nicht einmal mehr die 100 Millionen bedeuten eine Organisationsgrenze. Sogar in der Industrie sind wir über die 200 Millionen schon hinausgeschritten, und nehmen wir Banken und Transportunternehmungen hinzu, so kommen wir schon zu etwa einem Dutzend Gesellschaften, deren Eigenkapital zu dieser enormen Höhe angeschwollen ist, obwohl doch die Eisenbahnen bei uns in staatlichem Besitz fast alle stehen. Eine ziffernmäßige Grenze anzugeben oder auch nur das Gefühl, an einer Grenze zu stehen, kommt heute wohl schwerlich jemandem in den Sinn. Den Milliardengesellschaften der Eisenbahnen ist in Amerika der Milliarden=Stahltrust gefolgt. Das moderne Unternehmertum hat gelernt, mit den Kapitalien zu spielen.

Sicherlich eine Entwicklung der Persönlichkeit, auch wenn wir alle Hülfsmittel und Erleichterungen berücksichtigen, die man sich zur Durchführung der Riesenaufgaben geschaffen hat. So soll gewiß nicht verkannt werden, daß die Technik, die zu gutem Teil den Prozeß der Kapitalsteigerung getragen hat, auch die Mittel der Organisation selbst stellt; je weiter die Anwendung der Maschine um sich greift, um so schematischer und damit übersichtlicher wird der Betrieb, und mit dadurch ist es verursacht, daß gerade die Massenfabrikation ins Riesenhafte hat anwachsen können. Eben auf diesem Gebiet haben die Verbände manche Aufgabe übernommen, die vordem dem einzelnen Unternehmer oblag; vor allem schließlich die, den Preiskampf auf den Markt zu führen, wodurch Organisationsgaben für den inneren Aufbau der

---

[1] Preußische Jahrbücher, 1892, S. 468.

Werke freigesetzt wurden. Auch die Buchführung ist — nament=
lich in Amerika, zum Teil auch über gesetzliche Hemmnisse
hinweg in Deutschland — dem Zweck, den Gesamtbetrieb
dem Leiter übersehbar zu machen, mehr und mehr angepaßt
worden. Jedoch die entscheidende Anpassung hat der Unter=
nehmer an sich selbst vollziehen müssen: aus den Männern,
die ihren Betrieb bis in alle Einzelheiten kannten und stolz
auf jedes Stückchen ihrer Produktion waren — Typ Halske [1] —,
sind die Krupp und Siemens geworden, die zwar auch noch
von technischen Gesichtspunkten her ihre Werke leiten, aber
über die Details hinausgewachsen sind und deshalb fähig
geworden, nicht mehr nur die einzelnen Stadien eines tech=
nisch geschlossenen Fabrikationsprozesses, sondern technisch
verschiedenartige Betriebe für die Herstellung von Gesamt=
anlagen zur Unternehmungseinheit zu verbinden; und darüber
haben sich schließlich jene Großorganisatoren erhoben, die nur
noch die allgemeinsten Grundlinien für ihre Werke bestimmen
können, ganze Direktorien zur Ausführung ihrer Anregungen
unter sich haben und dem technischen Betrieb, dem Stolz der
früheren Unternehmergenerationen, so gut wie völlig entrückt
sind. Selbstbeschränkung gegenüber allem Einzelnen, richtige
Auswahl der Mitarbeiter, straffe Zusammenfassung des
Ganzen ist heute die Aufgabe des Großunternehmers ge=
worden. Das heißt: nicht Fertigkeiten, sondern Charakter=
eigenschaften werden verlangt; die Persönlichkeit ist das Ent=
scheidende geworden.

2. Wie aber der Unternehmer den sachlichen Elementen
des Unternehmungsaufbaus gegenüber an Selbständigkeit
gewonnen hat, so ist er auch unverkennbar bestrebt, die
persönlichen Träger dieser Elemente, die Kapitalisten, zu

---

[1] Nach der Schilderung bei Ehrenberg, Das Wesen der neuzeitlichen
Unternehmung (Thünen=Archiv, Band I, S. 34 fg.).

maßgebendem Einfluß nicht kommen zu lassen. Man kann geradezu von einem Kampf zwischen Unternehmertum und Kapital sprechen, der dem Gegensatz zwischen Unternehmertum und Arbeit an Intensität nicht nachsteht: „Herr im Hause" zu bleiben, ist jenem wie dieser gegenüber offensichtliches Ziel.

Bei den Aktiengesellschaften tritt das am deutlichsten zutage, und zwar in doppelter Richtung. Einmal nämlich sehen wir ganz allgemein die rechtlichen Bestimmungen über die Befugnisse der Generalversammlungen auch in Deutschland tatsächlich nur selten zu nennenswerter Wirkung gelangen. Bei regelmäßigem Verlauf der Geschäfte sorgt dafür schon die Interesselosigkeit der Aktionäre selbst. Jedoch auch dann, wenn Überraschungen unangenehmer Art zu verhandeln sind, pflegt in den meisten Fällen die Auskunft vom Vorstandstisch, d. h. vom eigentlichen Unternehmertum her nur recht karg bemessen zu werden. Die Rechtfertigung, daß genauere Angaben für die Entwicklung des Unternehmens schädlich sein würden, muß dann stets herhalten, die Abneigung der leitenden Persönlichkeiten gegen die Mitwirkung der Aktionäre zu verdecken; und selten nur kommt es zur Kraftprobe einer Abstimmung. Dabei pflegen dann regelmäßig Direktion und Aufsichtsrat das Übergewicht zu behalten; gestützt zwar zum Teil auf eigenen Aktienbesitz, überwiegend aber doch auf Stimmen, die ihnen aus den Kreisen der andern Aktionäre zur Verfügung stehen, — d. h. auf das Schwergewicht, das ihnen aus der genauen Einzelkenntnis aller Verhältnisse des Unternehmens, also aus ihrer Unternehmerstellung, zufällt. Alle Klagen über zu geringen Einfluß der Generalversammlungen müssen an dieser Tatsache scheitern. Trotz überweit gehender Rechtsbefugnisse kann in der Wirklichkeit die Gesamtheit der Aktionäre und ihr Organ nicht der Träger des gestaltenden Willens, der eigentlichen Unternehmerfunktion sein. Dem höheren Recht des Lebensbedürfnisses

entspricht es vielmehr, wenn das Kapital regelmäßig, trotz=
dem es das geschäftliche Risiko zu tragen hat, doch auf die
Kontrollfunktion sich beschränkt sieht und nur ganz aus=
nahmsweise Gelegenheit zu positivem Eingriff findet; das
Vorhandensein des Kontrollorgans ist dann naturgemäß be=
deutsamer als seine eigentliche Tätigkeit. Da ist der Kampf
zwischen Unternehmertum und Kapital, der bei dem Auf=
bau des Aktienrechts intensiv geführt worden ist, in der
Wirklichkeit zugunsten der leitenden Persönlichkeiten ent=
schieden worden. In Deutschland steht es da nicht anders
als in Amerika, wo die Rechtsformen besser den Tatsachen
angepaßt sind, und als in England, wo gerade die Furcht
vor dem Kapitalisteneinfluß die Unternehmungsorganisation
so maßgeblich bestimmt.

Indes — es gibt noch einen zweiten Weg, auf dem das
Kapital sich die Mitwirkung an der Unternehmertätigkeit
sichern kann, und auf dem wird der Kampf andauernd laut
oder leise geführt. Die Banken nämlich, deren Leiter in den
eigenen Generalversammlungen sich ihre Selbständigkeit recht
wohl zu wahren wissen, verfolgen den Unternehmungen
gegenüber, mit denen sie in regelmäßiger Verbindung stehen,
als Vertreter des organisierten Kapitals bekanntlich allent=
halben das Ziel, durch den Aufsichtsrat hindurch maßgeblichen
Einfluß zu erlangen; und selbstverständlich, daß sie darin
umso größeren Erfolg jeweils haben, je stärker das Kredit=
bedürfnis jener Unternehmungen oder je größer die Schwierig=
keit etwaiger Kapitalbeschaffungen ist. Wie weit da der Ein=
griff in die Unternehmerfunktionen gehen kann, haben die
Vorgänge bei der Gründung und Erneuerung des Ruhr=
kohlensyndikats und erst recht beim Stahlwerksverband gezeigt;
schwerlich wäre es zu diesen Bildungen so verhältnismäßig
rasch gekommen, wenn nicht von den Großbanken auf eine
ganze Anzahl von Kohlenzechen und Stahlwerken ein sehr

starker Druck ausgeübt worden wäre [1]. Es ist auch nicht zu bestreiten, daß gerade die Art, wie Aktiengesellschaften sich ihr Kapital zu beschaffen pflegen — die Beanspruchung der Börse —, den Banken ein besonderes Schwergewicht verleiht, da sie mit ihrer hoch entwickelten Emissionstechnik zum unentbehrlichen Vermittler geworden sind.

Und doch reicht dieses Schwergewicht keineswegs aus, in allen Fällen den Organen des Kapitals entscheidenden Einfluß zu verschaffen; ja, eine Minderung ihrer Mitwirkung ist in einigen der wichtigsten Industriezweige wohl zu beobachten. Denn es liegt auf der Hand, daß die Position der Bank dem Industrie-Unternehmen gegenüber umso schwächer wird, je glatter die Börse dessen Papiere aufzunehmen pflegt, da es sich dann nur um eine technische Vermittlung, nicht eigentlich um eine wirtschaftliche Hülfe handelt und auch die Banken untereinander sich so risikofreie Geschäfte gern abjagen. Es kommt also darauf an, daß das Industrie-Unternehmen sich in den Ruf solider Geschäftsgebarung bringe, möglichst gleichmäßige Gewinne ausschütte und sich auf diese Weise ein festes Abnahmepublikum schaffe; vorsichtige Reservenpolitik ist eins der wichtigsten Mittel, um das aber auch eben deshalb zwischen Direktion und Bankenvertretern ganz regelmäßig heftig gestritten zu werden pflegt. Hat sich dann ein Unternehmen diese feste Position errungen, dann fällt das Kapital gleichsam seinen eigenen Vertretern in den Rücken:

[1] Dabei möchte ich allerdings die sonst so viel hervorgehobene Tatsache, daß der Phönix durch Generalversammlungsbeschluß entgegen den Wünschen seiner Direktion in den Stahlwerksverband hineingebracht worden ist, nicht allzu sehr betonen. Nach dem Charakter der beteiligten Personen und ihrem späteren Verhalten will mir fast erscheinen, daß diese Art des Vorgehens von den Banken gewählt worden ist, um der Direktion, die zur Erlangung einer höheren Beteiligungsziffer sich in die Gegnerschaft gegen den Verband festgerannt hatte, nun doch noch den Rückzug zu ermöglichen. Im allgemeinen pflegen sich solche Kämpfe, wenn sie wirklich ernst sind, nicht vor der Öffentlichkeit abzuspielen.

es nimmt die Emissionen neuer Aktien, etwa unter Benutzung des üblichen Bezugsrechtes, glatt auf und — beraubt
sich damit der letzten Möglichkeit, wirklich gestaltend in die
Grundlagen seiner Rentabilität einzugreifen.

Auch nur eine Schätzung vorzunehmen, in welchem Verhältnis die selbständigen und die von Banken abhängigen
Werke zueinander stehen, ist natürlich nicht angängig. Jedoch
darf man die Zahl der Abhängigen nicht allzu groß sich vor-
stellen; denn sonst wäre undenkbar, daß die Vertreter der
Banken vielfach so viele Aufsichtsratsstellen in sich vereinigten — das ist doch nur möglich, wenn bei den meisten
der so kontrollierten Gesellschaften ein maßgeblicher positiver
Einfluß gar nicht in Frage steht. Jedenfalls aber muß für
die strafferen Kartelle die Wirkung in Anspruch genommen
werden, daß sie — obwohl unter der Mitwirkung der Banken
entstanden — deren Stellung machtpolitisch verschlechtert,
das industrielle Unternehmertum in seinen Selbständigkeits-
bestrebungen erheblich gestärkt haben. Denn wenn es gleich
noch nirgends gelungen ist, eine absolute Gleichmäßigkeit der
Preis- und damit auch der Gewinnbewegung zu erzielen, so
sind doch die Schwankungen der vorsyndikalischen Zeiten erheblich eingeschränkt worden, und mit einer nicht zu geringen
Minimalrente kann bei den meisten der Kartellwerke regelmäßig gerechnet werden. Infolgedessen kennt bekanntlich
weder unsere Kohlen- noch unsere Schwereisen-Industrie in
der Gegenwart noch jenen Zustand der früheren Zeiten, wo
dank dem Mißtrauen des Publikums oft für technische
Neuerungen das erforderliche Kapital kaum aufzubringen
war; überreichlich steht ihnen vielmehr jetzt Kapital jederzeit
zur Verfügung. Da ist deshalb auch bei den führenden
Werken meist der Bankeneinfluß in seinem Kern gebrochen,
und nicht die unwichtigste Entschädigung für das Aufgeben
gewisser Selbständigkeiten, das im Wesen der Kartelle be-

griffen ist, liegt in dieser Stärkung der Unternehmerposition gegenüber den Organen des Kapitals, die ebenfalls aus den Kartellen sich ergibt.

Das Interesse des Kapitals an regelmäßiger Rente steht somit in Widerspruch mit dem Streben nach Einfluß. Der Unternehmer ist es, der den Vorteil aus dieser Zwiespältigkeit zieht und, auf sie gestützt, seine Persönlichkeit vollends frei zu entfalten vermag.

VIII. Der moderne Unternehmer als Kulturfaktor.

Auch innerlich darf das moderne Unternehmertum, dessen Anfänge äußerlich an die Kreuzzugszeiten anschließen, ein Kind der Renaissance als des Zeitalters genannt werden, in dem der westeuropäische Mensch zuerst in breiter Linie von den Fesseln der Tradition in Fühlen und Denken sich wieder befreit und angefangen hat, Persönlichkeit zu werden. Eine neue Schicht der Bevölkerung ist damit für diese Entwicklung gewonnen worden; und da sie doch nur mit schmalem Personenbande an die Gruppen älterer Kultur sich angliedert, neben die Patriziersprossen vielmehr in überragender Zahl Neulinge sich gestellt haben, so ist es natürlich, daß einstweilen noch die Extreme überwiegen. Auch die eigentlichen „Renaissance= menschen", wie sie Burckhardt gezeichnet und Gobineau empfunden hat, zeigen ja zunächst nur das Schrankenlose der neuen Persönlichkeitsmoral, noch nicht die Gesetztheit der vollen Entfaltung. Es sollte nicht vergessen werden, daß wir in Deutschland erst die zweite Generation einer breiten kapitalisti= schen Entwicklung erleben, daß zu sehr großem Teil an der Spitze unserer wirtschaftlichen Werke noch Männer stehen, die erst selbst aus der großen Masse der Bevölkerung, aus der Sphäre der Unpersönlichkeit, zur Unternehmerpersönlichkeit sich emporgereckt haben. Da können die Unbehaglichkeiten der Parvenüzeit, wie sie unser ganzes innerpolitisches Leben charakterisieren, so auch in der Wirtschaftsgestaltung noch nicht überwunden sein.

Aber wie jene Gewaltnaturen des Quattro= und Cinque= cento doch nur der Ausdruck einer Gärung sind, welche die oberen Schichten der städtisch=bürgerlichen Bevölkerung aus der Stumpfheit des Traditionenlebens herausheben und zur Teilnahme an der Persönlichkeitsentfaltung emporführen sollte, so ist auch das Einseitig=Rücksichtslose, das dem Unter= nehmertum unserer Zeit noch anhaftet, nur als Übergangs= erscheinung zu beurteilen. Gewiß steht jetzt noch die Per= sönlichkeit des Willens durchaus im Vordergrund — alles ist ja noch im Werden —, und sie pflegt von der alleinigen Richtigkeit der eigenen Lebensauffassung so tief überzeugt zu sein, daß sie andere Persönlichkeiten nicht leicht neben, geschweige unter sich zu dulden vermag. Jedoch dahinter steht als Ziel jene vollere Persönlichkeit, welche die eigenen Kräfte über den Willen hinaus nach allen Seiten hin ent= falten will und dann neue Schichten zu gleicher Entwicklung emporhebt.

Das Wort von der „materiellen Kultur", in Wirtschafts= kreisen gern gebraucht und doch ein Widerspruch in sich selbst, darf als Ausdruck unbewußten Sehnens guten Sinn be= anspruchen.

MIX
Papier aus verantwortungsvollen Quellen
Paper from responsible sources
FSC® C105338

Printed by Libri Plureos GmbH
in Hamburg, Germany